KB056432

헤이그 만국평화회의
특사외교와
국제관계

헤이그 만국평화회의 특사외교와 국제관계

김원수 저

독립기념관 한국독립운동사연구소 도서출판 선인

CONTENTS

| 펴내는 글 |

1세기 전에 발생한 대한제국의 헤이그특사 파견과 관련된 역사들은 동시대 한반도의 문제이며, 동아시아의 문제였을 뿐 만 아니라 세계의 문제였다. 그것들은 1세기 전에 지구의 작은 공간, 한반도에서 일어난 자주와 독립을 위한 사건들이 국가와 지역의 경계를 넘어 세계사와 상호 연계된 초국가적(트랜스 내셔널)이고 전 지구적인 역사적 사건임을 보여준다. 따라서 헤이그 특사와 관련된 역사적 사실들을 재구성하는 것은 한반도에서 청일전쟁과 러일전쟁을 유발한 일본의 대한제국에 대한 군사적 침략과 보호국화 및 이에 대응한 대한제국의 대응조치가 동아시아의 지역문제에 그치지 않고 세계의 전쟁과 평화문제로서 결정적인 요인이 될 수밖에 없었던 원인과 구조를 밝히고, 나아가 그것의 세계사적 의미를 고찰하는데 중요하다.

지금까지 헤이그 특사 파견에 관한 글은 주로 제2차 헤이그 평화회의(The Hague Peace Conference of 1907)[1]에 한정되어, 특사 및 특사 파견과 관련한 주변 인물에 대한 연구가 중심이었으나, 2007년 헤이그 특사 파견 100주년을 맞이하여 다각적인 접근 방법을 통해 새로운 연구 성과들이 이루어졌다.[2] 특히 헤이그 평화회의를 중심으로 한 구미 열강의 국제관계와 특사 파견과의 관련성에 주목함으로써 광무황제의 특사외교가 일본의 강압적인 보호국화에 대처한 한국사적 사건인 동시에, 열강의 제국주의적 이해가 접속된 국제적인 사건임이 밝혀졌다.

하지만 제1, 2차 헤이그 평화회의를 둘러싼 국제관계와 대한제국의 대응 조치에 대해서는 좀 더 주목할 사항이 있다. 왜냐하면 대한제국은 제1차 헤이그 평화회의에서 합의된 제반 조약에 대해 추가 가맹국의 자격으로 후속조치를 취해 뒤늦게 추가 가입을 시도하였으며, 그 같은 조치들은 제2차 만국평화회의 특사외교와도 결코 무관하지 않기 때문이다. 또한 특사외교는 모로코 사건의 처리를 위해서 개최된 1906년 4월의 알헤시라스(Algeciras) 국제회의에서 영·불·러가 연합하여 독일을 고립시킨 외교적 연대 및 1907년 여름에 연이어 체결된 불일협상(the Franco-Japanese Agreement), 러일협약(the Russo-Japanese Agreement) 및 영러협상(the Anglo-Russian Convention)의 4국 앙탕트(the Quadruple Entente)[3]에도 직간접적인 영향을 받았기 때문이다.

한편, 대한제국 특사의 사행(使行)은 헤이그 평화회의 참가로 끝난 것이 아니라, 그 후 순방외교로 연장되어 미국과 러시아를 비롯하여 영국·프랑스·독일 등으로 확대되었다. 이같이 연속된 사행의 행적은 대한제국의 자주 독립과 영세 중립이 동양 평화 유지의 관건이라는 일관된 주장에 입각하고 있었다는 점에서 광무황제의 다변화된 외교노선의 일환이었다.

본서는 대한제국이 제1차 헤이그 평화회의에 추가 가입 기도를 하였고 제2차 헤이그 평화회의 특사 파견에 대한제국과 러시아가 연관되어 있었다는 역사적 사실에 입각하여, 우선 한러 외교관계의 연속성에 주목해 보고자 하였다. 그리고 이를 바탕으로 두 차례의 헤이그 평화회의를 전후하여 발발한 한반도의 전쟁과 보호국화 위기에 대처한 대한제국의 위기관리 외교와의 연계성을 찾아보려 하였다. 이를 위해 특히 청일전쟁, 러일전쟁, 포츠머스 강화회의, 4국 앙탕트 및 독·미·청 동맹 기도의 상호관계를 고찰함으로써 대한제국의 자주와 독립, 전쟁과 평화, 및 보호국화 문제가 동시대의 한반도, 동아시아의 지역 문제였을 뿐만 아니라 세계 문제였음을 재조명하려 하였다.

본서는 대한제국의 헤이그특사 파견이라는 역사적 사건이 수많은 타자의 역사들과 어떻게 상호작동하고 상호의존하고 있었는지, 그리고 헤이그특사와 관련된 역사들이 얼마나 다양하게 접속할 수 있는지를 보여주는 하나의 글로벌한 역사담론이다. 아울러 그것은 골동품이 되어버린 냉전시대의 역사연구를 넘어서 지구화 시대에 한국의 역사를 어떻게 재구성해야하는지를 모색하려는 하나의 노력이다. 그런 점에서 이 글은 한국 근현대사를 국제관계 하에서 세계사적 시각으로 조명하는데 선견과 혜안을 가진 선학과 동료 및 후학들의 노고에 힘입은데 대한 미흡하나마 자그마한 회답으로 보아주었으면 좋겠다.

본서를 통해 이념 보다는 변화를 이해하려는 역사 연구자들, 그리고 지적 권력의 정당성보다는 역사적 사실에 근거한 판단을 존중하는 진실성(authenticity)을 고양키 위해 고심하는 역사 연구자와 역사교육자들 나아가 아직까지도 클레이오(Clio)와 함께 할 수 있다고 믿고 있는 다수와도 함께 나누고 싶다.

우리 근현대사의 자주와 독립을 위한 활동에 대한 애정 어린 연구를 이끌어가는 독립기념관 한국독립운동사연구소, 그리고 출판을 위해 수고를 아끼지 않은 홍선표 연구위원과 묵묵히 옆을 지켜준 소중한 아내와 용지, 용성에게도 고마움을 전한다.

서초동 연구실에서

김 원 수

Une partie de pêche.
RUSSIE
CORÉE

1장

조선의 북방외교 개막과 한반도 위기의 국제화

청일전쟁은 동아시아에서 발발한 지역 전쟁임에도 불구하고, 전쟁터가 된 조선과 전쟁 당사국인 청국과 일본 및 구미 열강의 국가 이해가 깊이 개입되어 있었다. 그것은 한반도의 무력충돌이 만주와 중국 본토에까지 확산되었고, 그 후 러시아·독일·프랑스 3국이 삼국간섭(the Triple Intervention, 1895. 4)을 통해 직접 개입하였기 때문이다. 따라서 전후 분쟁 지역으로서 한반도의 지정학적 이미지는 '극동의 문제아'이자 '극동의 태풍의 눈(storm center in the far east)', '제2의 콘스탄티노플' 등 위기의 표상으로 재현되고 있었다.[4] 이 같은 한반도 위기담론은 구미 열강에게 한반도에 대한 개입 여지를 주는 것이었지만, 다른 한편으로는 자주지방(自主之邦)으로써 내치외교를 전개하려는 고종을 중심한 정책결정 집단에게 지속적인 위기관리 외교 정책의 단초가 된 것 또한 사실이다. 그 구상 중의 하나가 바로 한·러 외교관계를 활용한 헤이그 평화회의 특사외교 조치였다.

그렇다면 특사 파견이 한반도 위기를 헤이그 국제회의에서 국제적으로 이슈화하려 했던 만큼 한반도 문제가 국제적인 문제로 비화하게 된 연유는 어디에 있었을까? 그 발단의 역사적 맥락을 영·러의 그레이트 게임과 연계하여 살펴보겠다.

1. 한·러 수교와 거문도사건의 그레이트 게임

한반도 문제가 국제적인 문제로 비화하게 된 발단은 갑신정변 직후 발생한 영국 해군함정의 거문도 점령 사건이었다. 이 사건은 중앙아시아와 아프가니스탄에서 전개된 영국과 러시아의 그레이트 게임이 동북아시아의 한반도까지 확산되어 발생한 것이었다. 영·러의 그레이트 게임은 1856년 애로호 사건을 계기로 중앙아시아에서 동아시아까지 확산되었다. 이후 영·러의 그레이트 게임과 전통적인 중화주의는 경계 지역에서 새로운 마찰과 충돌 그리고 전쟁 위기를 조성하였다. 러시아를 두려워하는 소위 공로의식(恐露意識)은 바로 그 산물이었다.

공로의식을 조선에 전해준 것은 황준헌(黃遵憲)의 『조선책략(朝鮮策略)』이었다. 수신사로 일본에 간 김홍집(金弘集)은 일본 주재 청국공사관 참찬관 황준헌이 1880년에 쓴 『조선책략』을 고종에게 헌상했다. 『조선책략』은 조선의 외교정책을 친중(親中), 결일(結日), 연미(聯美), 항아(抗俄)로 규정한 중국 중심의 대조선 외교 방책인 동시에 청과 일본을 앞세운 영국의 러시아 견제 전략이기도 하였다.[5] 조선은 이홍장(李鴻章)의 권고에 의한 조선책략적 외교노선에 따라 미국과의 접촉을 시도하여 마

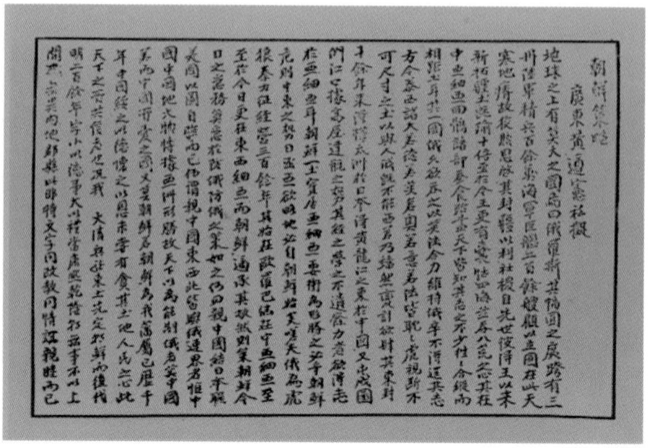

황준헌의 『조선책략』

침내 1882년 5월 22일 조미수호통상조약을 체결하였고 이어서 6월 6일 조영수호통상조약, 6월 30일 조독수호통상조약을 잇달아 맺었다.

하지만 극동 문제와 조선 문제를 중국 중심으로 본 황준헌의 『조선책략』은 당시 중국의 세계사적 위치를 객관적으로 판단하지 못한 시대착오적인 중화사상의 산물이었다. 격동하는 세계사 속에서 중화사상에 도취되어 있었던 자들에게 조선 문제는 결코 바로 보일 리 없었다.[6] 따라서 내치외교의 자주성을 지향한 고종이 조선책략적 이이제이를 재고한 것은 당연한 것이었고, 그 대안으로 러시아와 직접적인 외교통로를 개설하는 조치를 이어갔다. 그것이 조아수호통상조약(1884. 7. 7)이었고 이를 계기로 그레이트 게임의 당사국인 영국과 러시아가 한반도에서 세력균형의 역학관계로 조우하게 되었다.

한·러 수교를 통한 양국 외교의 개막과 연이어 발생한 부동항 획득을 둘러싼 한·러 밀약설은 청국뿐만 아니라, 영국과 일본에게도 충격이었다. 그것은 1885년 3월

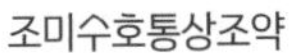
조미수호통상조약

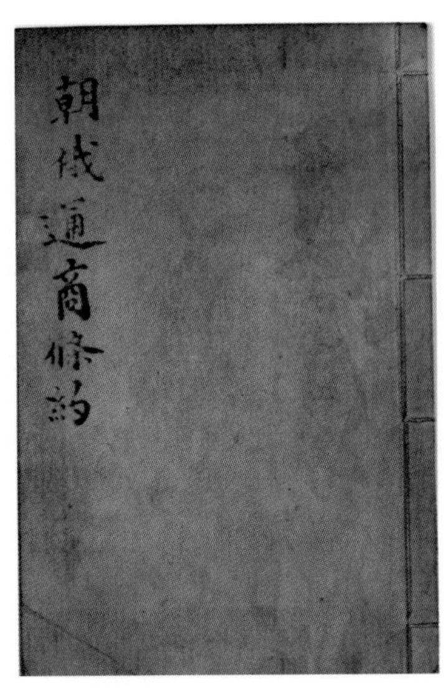

조아수호통상조약

에 발생한 아프가니스탄의 위기로 러시아와 전쟁을 불사할 각오를 하고 있던 영국이 국제관례를 어기면서까지 불법적으로 거문도를 점령하게 만드는 계기가 되었다. 하지만 청은 영국의 거문도 불법 점령에 대해 부정적이었고 조선에서 종주권 유지를 위해 러시아와 공조해 한반도의 현상유지를 모색하였다.

1886년의 러·청 텐진(天津)회담(이홍장-라디겐스키 구두 협약)은 러·청 간의 공조체제를 실체화한 것이었다.[7] 러시아는 이를 계기로 그레이트 게임과 동아시아의 전략적 차원에서 볼 때 조선의 현상유지가 중요함을 새삼 인식하였고 섣불리 영국이나 청·일을 자극하는 적극책을 수립할 수 없었다. 상트 페테르부르크에서 1887년 2월 7일과 1888년 5월 8일 각각 개최된 극동 문제 특별회의에서 조선의 현상유지를 결정한 것은 바로 그것 때문이었다.

하지만 1888년의 특별회의에서 러시아가 조선의 현상유지를 위해 러·일 공조의 가능성을 모색한 논의는 시대착오적인 잘못된 발상이었다.[8] 왜냐하면 거문도사건 이후 러·청 간의 공조체제가 구축됨에 따라 일본은 한반도에서 외교적 고립 상태에 빠졌기 때문이다. 따라서 일본은 외교적 위기를 타개하기 위한 생존적 자구책을 찾아야만 했고, 그것은 1890년 3월 작성된 야마가타 아리모토(山縣有朋)의 외교정략론의 '주권선'과 '이익선'의 주장으로 나타났다. 그는 대정부 의견서에서 국방의 주적을 러시아로 상정하고, 내부적으로 러시아와의 대결을 불가피한 것으로 획정하였다. 러시아가 코르프(A. N. Korff) 프리아무르 총독과 지노비에프(I. A. Zinovieff) 외무성 아시아국장 간의 간담회에서 한반도 현상유지책을 결정할 때 일본은 종래의 조선 정책을 전면 수정하고 러시아에 대한 강경 방침을 확정하기에 이르렀다.[9]

이처럼 1880년대 들어서 한반도 문제는 지역 문제인 동시에 국제관계의 이해가 얽힌 국제 문제로 비화되었고, 서구 열강들의 세력균형을 위한 지전략적(地戰略的, geo-strategic) 거점으로 대두되었다. 그것은 조선이 변화하는 동아시아의 국제정세에서 조선책략적인 외교 노선에서 전환하여 러시아와 수교를 통한 한·러 외교의 채널을 구축함으로써 돌파구를 모색한 데 따른 것이었다. 한·러 관계의 역사적 맥락은 그 후 청일전쟁과 러일전쟁을 거쳐 헤이그 특사 파견은 물론, 일본의 대한제국 강제 병합에 이르기까지 지속적으로 연계되고 있었다는 점에서 주목할 필요가 있다.

구한말의 각국 공사관원들

2. 조선의 한반도 위기 대응과 청일전쟁의 발발

일본은 러시아와의 대결을 불가피한 것으로 보고 선결조건인 청과의 대립 또한 피할 수 없는 것으로 판단했다. 1889년에 일어난 황해도와 함경도의 방곡령(防穀令) 사건은 바로 이 같은 시점에서 일본이 청의 대조선 속방화(屬邦化) 정책에 대처한 최초의 정책적 대응이었다. 그 후 1894년 5월 동학농민운동의 확산은 일본에게 결정적인 계기로 작용했다. 1894년 6월 8일 조선의 요청으로 청군이 파병되자, 일본은 갑신정변의 처리 결과인 텐진(天津)조약(1885. 4. 18)에서 정한 "장래 조선에 출병하는 경우 상호 통보를 필요로 규정한다"는 파병권 조항을 구실로 예정된 한반도 침략의 첫 단계를 취하였다. 일본은 6월 6일 청에게 파병을 통고하고 6월 9일부터 15,400여 명의 대병력을 제물포로 급파하고 7월 25일 아산만 부근의 풍도(豊島) 해역에 정박한 청의 군함을 선제공격(풍도해전) 함으로써 청일전쟁을 일으켰다.

그렇다면 청·일 군대의 파병으로 조성된 한반도의 전쟁 위기에 조선과 영·러는 어떻게 대처하였을까? 러시아의 일본 견제는 두 차례 시도되었다. 하나는 1894년

일본이 아산만 풍도에서 일으킨 청일전쟁 삽화

6월 22일 이홍장이 청·일 양군의 공동철병에 관한 중재 요청을 함에 따라 6월 25일 일본 주재 러시아 공사 히트로보(Hitrovo)가 일본 외상 무츠 무네미츠(陸奥宗光)에게 제기한 요구이고, 다른 하나는 6월 24일 조선 정부의 중재 요청에 따라 6월 30일자로 일본 외상에게 보낸 강력한 경고조의 각서였다.[10] 이 같은 러시아의 조치는 기본적으로는 한반도의 현상 변경을 바라지 않는다는 입장, 즉 한반도에서 청일의 전쟁을 방지하기 위함이었다.

한편 영국의 로즈베리(Rosebery) 수상도 7월 초에 전쟁을 방지키 위해 공동간섭을 위한 열강의 협조를 구하였으나 이것이 무산되자 한반도 사태를 방관하였다. 이후 외상 킴벌리(1st Earl of Kimberley)는 7월 19일 일본군이 한성(서울) 이남으로 철수하고 청군은 평양으로 이동하여 무력충돌을 피하자는 한반도 분할안을 제의하였다. 킴벌리는 7월 24일 이 제안을 러시아와 독일, 프랑스, 이탈리아 정부에 통지하고 열강의 보장을 받으려 하였다.[11] 이에 대해 청은 동의하고 분할 점령의 경계를 어디로 획정할 것인가에 관심을 가졌으나 일본은 원천적으로 반대하여 한반도 단독 지배를 위한 조선의 내정개혁을 주장하였다.[12]

일본은 열강의 공동 간섭이 실효를 거두지 못 할 것을 간파하고 독자적인 조선 내정개혁을 청에 통첩하였다. 그리고 7월 23일 경복궁을 무력 점령한 후 청일전쟁을 도발하였다. 허를 찔린 이홍장은 재차 국제적인 중재에 동의한 영국·러시아·프랑스·독일·이태리에 텐진 또는 베이징에서 다자간 회의를 개최할 것을 제의하였다. 이에 대해 러시아는 평화 회복을 위한 노력으로 영국과 협조하여 행동할 것이라는 방침을 밝혔을 뿐이었다. 하지만 영국과 러시아가 모두 일본의 개전을 막지 못한 상황에서 전쟁은 결국 전황의 추이와 이에 대응한 영·러의 반응으로 귀결될 수밖에 없었다. 그렇다면 청일전쟁 발발 이후 한반도의 국제정세는 어떠하였을까?

일본의 청일전쟁 승리 개선문

3. 청일전쟁, 삼국간섭과 한반도를 둘러싼 국제질서의 변화

청일전쟁 초기에는 전황을 예측할 수 없었다. 때문에 영국을 비롯한 열강은 중립적인 입장에서 군사행동을 종식시키기 위해 공동보조를 취하였다. 이에 따라 러시아는 이홍장의 중재 요청을 국외 중립을 내세워 거절하였고, 10월 초 두 차례에 걸친 영국의 공동 개입 제의에 대해서도 거절하고 청에게 직접 강화를 권고하였다. 1895년에 들어서 일본이 여순[뤼순]과 대련[다롄]을 점령하고 청의 수도를 위협하는 전시 상황에서 1월 31일, 청의 장음환(張蔭桓)과 소우렴(沼友濂)이 강화 사절로 일본에 도착하였지만, 일본은 강화협상(히로시마 협상)을 결렬시켰다. 이에 히트로보 주일 러시아 공사는 유감의 뜻을 표명하였고, 러시아 정부는 특별회의(1895. 2. 1)를 소집하였다. 특별회의에는 일본이 대청 강화 조건을 극비에 부치고 있었기 때문에 별다른 논의가 없었다. 다만 일본이 요동[랴오둥]반도를 점령한다면 러시아의 이해를 정면으로 침해하는 것으로 간주하여 영국을 비롯한 열강과 무력을 전제로 한 공동 간섭 원칙을 세웠다.[13] 여기에서 주목해야 할 사항은 공동 간섭을 위한 명

시모노세키에서 열린 청일전쟁 강화회담 삽화

분을 조선의 독립에 둘 것이라고 강조한 사실이다. 그것은 조선의 독립을 구실로 일본의 대륙 진출을 저지하기 위함이었다.

그러나 4월 1일 일본의 강화조약 초안이 청에 통고되고 이틀 후 구미 각국에 그 내용이 알려지자, 러시아 외상 로바노프(Lobanov)는 즉각 프랑스에 간섭 의사를 타진하고, 4월 8일에는 '우호적인 권고'를 위한 외교 조치를 단행하였다. 이것이 삼국간섭의 첫 출발이었다.

이어 4월 17일 로바노프는 독·불·영 등에게 일본의 요동반도 할양 주장에 대항하는 러시아의 입장에 협조해 줄 것을 공식 요청하였다. 러·불 동맹국인 프랑스와 독일은 신속하게 지지를 표명하였고, 독일 황제 빌헬름 2세는 극동 주둔 독일 함대에게 러시아 함대와 접촉할 것을 명령하였다. 영국은 즉각적인 대답을 회피하였지만 결국 개입하지 않을 것임을 밝혔다. 이러한 배경에서 시모노세키(下關) 조약이 체결된 지 6일 후인 4월 23일 삼국(러·독·프)간섭이 행해졌다.

삼국간섭으로 일본 정부는 청에 대한 영토 할양 요구를 포기하였고 10월 19일 청과 수정된 추가 조약을 체결하였다. 이에 따라 11월 8일 일본은 요동반도의 반환을 공식 천명하고 만주에 대한 이권을 포기하였다. 당시 일본은 삼국간섭의 대응 조치로 열강의 담보에 의해 조선의 독립을 보장해 러시아를 견제하려 했지만, 미국은 전통적인 불개입 정책에 따라 이를 허용하지 않았고, 영국 또한 아시아에서 러시아와 대립하고 있었지만 전쟁 위험을 감수하면서까지 일본과 공동 행동을 취할 생각은 추호도 없었다.

그렇다면 청일전쟁 이후 동아시아와 한반도를 둘러싼 국제관계는 어떻게 변화하였을까. 청일전쟁 결과 청은 조선에 대한 종주권을 행사할 수 없게 되었고 일본

조선을 둘러싼 청·일·러의 각축을 묘사한 국제정세 삽화

은 삼국간섭으로 드러난 자국의 열세를 확인하였다. 일본은 이를 만회하기 위해 조선에 대한 정치적 영향력을 강화하였으나 명성황후 시해 사건(1895. 10. 8)과 아관파천(1896. 2. 11~1897. 2. 20)으로 그러한 시도는 무위로 돌아갔다. 이에 따라 일본은 러시아와 타협을 모색할 수밖에 없었다. 한반도 문제에 관해 경성의정서(京城議定書)라 불리는 고무라-웨베르(小村-Weber, 1896. 5. 14) 각서와 모스크바 의정서라 명명된 로바노프-야마가타(Lobanov-山縣, 1896. 6. 9) 의정서는 모두 일본이 불리한 여건에서 맺어졌다. 이 같은 러·일의 세력 판도는 로젠-니시 협정(Rosen-西, 1898. 4. 25)까지 지속되었다.[14]

한편, 독일의 교주만 점령(1897. 11. 14)으로 시작된 제국주의 열강의 중국 이권 침탈은 러시아가 여순·대련 항만과 그 부속 영토를 조차(1898. 3. 27)함으로써 가열되었고, 동아시아와 한반도의 국제정세에 결정적인 영향을 주었다. 러시아의 남하(南下)로 인해 한반도의 지전략적 위상은 증대된 반면, 영토와 자주권을 침해당한 청과 요동반도 할양을 저지당한 일본의 격렬한 반발에 직면하게 되었다. 일본은 분쟁이 예상되는 한반도에서 러시아의 위협에 대처하기 위한 확고한 입장을 취하려 했다. 영국은 한러은행의 설립, 조선해관의 총세무사 맥리비 브라운(Mcleavy Brown)의 교체 시도, 북경-산해관 철도 건설 등에서 러시아와의 관계가 악화되어 일본과 청을 지원하려 하였지만, 남아프리카에서 보어전쟁의 여파로 외교적 고립에 처해 있었고, 프랑스와 독일이 또 다시 러시아에 동조할 것을 우려하였기 때문에 추가 행동을 자제하였다.

러·일 양국은 상호 충돌을 해소하기 위한 방안을 모색하였다. 일본은 1898년 3월 한반도에서 일본의 자유행동을 러시아가 보장하는 대신에 만주에서 러시아의 자유행동을 보장한다는 만한(만주와 조선) 교환론을 갖고 러시아에 접근하여 4월 25일 로젠-니시 협정을 체결하였다. 그것은 러시아가 일본에게 한반도에서 경제적인 재량권을 주는 대신 만주에서 러시아의 우위를 담보한 것으로 러시아는 시베리아 철도가 완공될 때까지 한반도에서 활동을 자제한다는 것이었다. 이에 따라 한반도를 중심한 러·일의 세력 균형 체제, 즉, 러·일의 상호 견제 체제가 가시화되었고 그것은 청일전쟁 이후 10여 년간 한반도의 세력 판도를 지배하였다.[15]

이처럼 청일전쟁과 삼국간섭 이후 변화하는 동아시아의 국제질서 속에서 한·러 관계는 소극적에서 적극적으로, 또는 상호 의존관계로 전환되고 있었다. 그것은 거문도사건과 청일전쟁으로 조선 문제가 국제화됨에 따라 동아시아 위기의 핵심이 한반도의 현상 유지 문제임을 지전략적으로 인식한 데 따른 것이었다. 이와 같은 한·러 외교관계의 연속성은 1897년 대한제국의 반포와 적극적인 대내외 정책의 수립과 전개 과정에서 더욱 분명해진다. 그렇다면 당시 대한제국은 이와 같은 상황에 어떻게 대처하였을까?

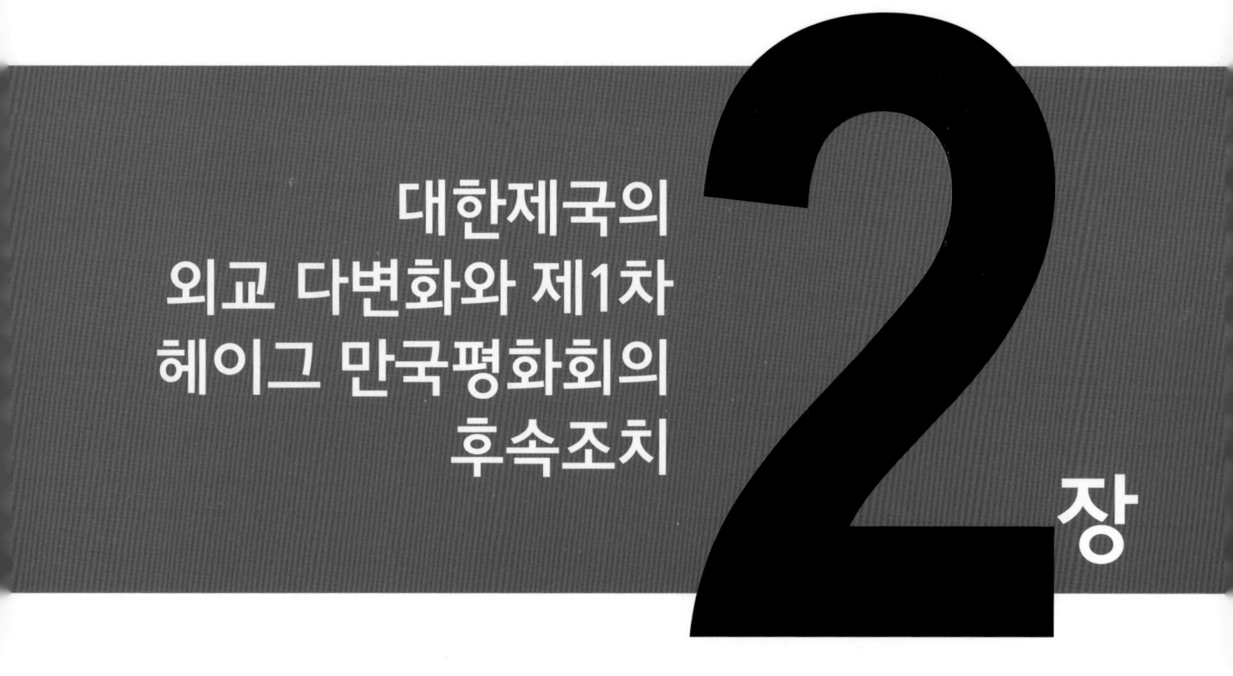

2장

대한제국의 외교 다변화와 제1차 헤이그 만국평화회의 후속조치

조선은 헤이그 평화회의 개최가 논의되기 시작되었던 1897년 10월 국호를 대한제국으로 변경하고 독립국가의 위상과 자주권을 확립하기 위한 대내적인 개혁과 적극적인 외교정책을 추진하였다. 광무황제를 중심으로 추진된 대외정책은 청일전쟁 이후 변화된 국제질서에 적극 참여하여 이이제이를 통한 열강의 세력균형을 유도하고, 이로부터 중립국의 지위를 인정받아 자주권을 확보하는 것이었다. 그것은 다각적인 외교의 다변화를 통해 가능하였고, 그 하나의 사례가 한·러 관계를 활용하여 제1차 헤이그 평화회의에서 체결한 협정(제네바협정과 헤이그협정)에 대한 추가 가입을 위한 외교 활동이었다. 이 같은 제1차 헤이그 평화회의에 대한 후속 외교조치는 광무황제의 제2차 헤이그 평화회의 특사외교와 연결되어 있었다. 그 계기가 된 공식적인 한·러 외교관계의 단초는 아관파천 시기에 추진된 고종의 니콜라이 2세의 대관식 사절 파견과 한·러 교섭이었다.

구한말 러시아 공사관

경운궁 돈덕전에서 집무 중일 때 고종과 신하들

1. 고종의 러시아 황제 대관식 사절 파견과 한·러 교섭

아관파천 직후인 1896년 2월 중순 고종은 5월로 예정된 러시아 황제 니콜라이 2세의 대관식에 축하사절을 파견하기로 결정하였다. 그리고, 궁내부특진관 민영환(閔泳煥)을 특명전권공사로, 서임 학부협판 윤치호(尹致昊)를 수행원으로, 그 외 통역관 김득련(金得鍊)과 김도일(金道一)을 선발하여 사절단을 구성했다. 사절단의 실질적 임무는 조선의 5개조 요구안을 러시아와 교섭하는 것이었다.

민영환이 휴대한 요구안은 다음과 같았다. (1) 조선 군대가 안정된 군사력으로 교련될 때까지 국왕 보호를 위한 호위병 요청 건, (2) 군사교관단 초빙 건, (3) 고문관- 왕의 측근에 있을 탁지부고문(度支部顧問) 1인, 내각고문 1인, 광산·철도 등을 위한 고문 1인 초빙 건, (4) 양국 간의 이익을 위해 러시아와 조선 간의 전신선 연결 문제-전신사업을 위한 전문가 초빙 건. (5) 일본 부채를 상환할 300만 엔의 재정차관 요청 건이었다.

조선의 5개조 요구안은 민영환 특명전권공사와 러시아 외상 로바노프, 재무상 비테(S. Y. Witte), 외무성 아시아사무국장 카피니스트(Kapinist)를 중심으로 논의

러시아 황제 대관식 사절단(1896)

러시아황제 니콜라이2세 대관식

되었으며 윤치호가 영어 통역관으로, 스테인(Stein)이 교섭의 실무 처리를 도왔다. 구체적인 교섭 내용과 경위를 연대순으로 도표화하면 다음과 같다.[16] 도표에는 1896년 당시 진행되던 조선을 둘러싼 러·일의 외교교섭 과정도 간략하게 정리하였다.

월	일	장소	참석자	교섭 내용
5	14	한성	고무라 · 웨베르	고무라 -웨베르 각서 체결
5	22	모스크바		스테인(師德仁)이 외상 로바노프에게 전달할 목적으로 조선 측 5개조 요구안을 러시아어로 번역하여 아시아사무국장 카피니스트에게 보냄[17]
5	24	모스크바	야마가타 · 로바노프	러 · 일 1차 회담
6	5	모스크바	로바노프 민영환 윤치호(통역)	국서 전달을 위한 황제 알현 요청 민 공사의 5개조 요구안 제의에 대해 로바노프는 서면진술(written statement)을 요구 조선 측이 5개조 요구안을 제출하게 된 이유를 적은 메모를 로바노프에게 전달
	6	모스크바	야마가타 · 로바노프	2 · 3차 회담
	6	모스크바	황제니콜라이 II 세 민영환 윤치호(통역)	로바노프에게 전달했던 메모 내용을 러시아 황제에게 구두로 보고 로비노프에게 제시했던 조선 측 요구안을 거듭 러시아 황제에게 제시함 국서 봉정 러시아 황제는 로바노프와 비테에게 교섭하라고 민 공사에게 전함

7	모스크바	비테 민영환 윤치호(통역) 스타인(통역)	재상 비테는 대조선 정책이 시베리아 철도가 완성될 때까지는 소극적이 될 것임을 전제한 후, 5개조 요구에 대해서 다음과 같이 언급 군사교관은 보낼 것이다. 고문관에 관해서는, 주한 러시아 공사관에 요원들이 증가될 것이며, 그들이 도움을 줄 것이다. 재정 차관은 조선의 경제상태 조사가 끝날 때까지는 제공할 수 없다. 국왕 보호 문제에 대해서는, 국왕 스스로가 자신을 보호하지 못하고 있는데 다른 나라가 그를 보호할 수 있겠는가?
9	모스크바	야마가타 · 로바노프	모스크바 의정서 성립
12	페테르부르크		민 공사가 로바노프에게 5개조 요구안의 서면 진술서(a written statement of the five proposition)를 보냄
13	페테르부르크	로바노프 민영환 윤치호	1. 국왕 호위 문제에 대하여, 로바노프는 조선 국왕이 스스로 원하는 한 공사관에 체류할 수 있으며, 러시아 공사관에 체류하는 동안 호위될 것이고, 환궁 후의 궁중을 호위할 호위병 요청에 대해서는 영국과 독일이 이를 방해할 것이라는 점을 들어 거절

13	페테르부르크	로바노프 민영환 윤치호	2. 국왕 보호 및 친위대 조직을 위한 200명의 군사교관단 요청 건에 대해 로바노프는 그들이 서울에서 일본군과 충돌할 것을 우려, 러시아 정부는 조선의 군사 상태를 파악하기 위해, 그리고 러시아 교관을 파견하기 위한 조처로서 이를 조사할 관리 1명을 파견할 것이라 말함 3. 재정 차관 요청에 대해 로바노프는 비테가 조선의 경제, 통상, 농업 상태를 조사할 목적으로 전문가를 파견·조사하려 하며, 그 보고서에 의해 러시아 정부가 차관 문제를 결정할 것이라 함 4. 양국 간의 전신선 연결 문제에 대해 러시아 측은 서울 노선과 블라디보스토크를 연결하려 한다고 함. 그러나 조선의 상황을 자세히 알 때까지는 중국항과 조선 사이의 해저전선 연결 문제에 관하여서는 아무 것도 할 수 없다고 함. 위 제반 교섭에서 민 공사는 차관과 전신 문제에 이의가 없음을 밝힘. 한편 로바노프는 조선이 이러한 문제를 왜 아관파천 직후 또는 그 전에 러시아에 의뢰하지 않았는가 반문하며, 조선 이북에 전신선을 보호하기 위해 군대 파견을 요청할 것인가를 민 공사에게 문의하였으나, 민 공사는 후일 논하자고 함.

6	16	페테르부르크	카피니스트	민 공사는 국왕 보호 문제가 5개조 요구안 중에서 가장 중요한 문제임을 상기시키고, 국왕 호위 문제와 친위대 조직을 위한 군사교관단 문제를 제기함. 카피니스트는 궁중호위병 파견 문제는 로바노프와의 결정사항을 언급하며 허락되지 않았음을 밝힘. 1. 국왕 호위 문제에 대해 6월 13일 민영환, 로바노프 회담시의 결정사항 이외, 만약 국왕이 원한다면 주한 러시아 공사관에 현재보다 많은 수의 호위병을 보낼 것임을 알림. 이에 민 공사는 긴급사태가 발생할 시, 국왕을 보호하기 위해 궁중 내에 호위병을 보낼 것이냐고 다시 질문하자, 카피니스트는 기약할 수 없으나 그것은 웨베르 공사의 재량에 의해 결정될 것이라고 말함. 2. 군사교관단 문제에 대하여, 민 공사는 친위대가 조직될 때까지 군사교관단이 실제로 왕의 호위 역할을 할 것이냐는 질문에 카피니스트는 많은 수의 교관을 궁중에 보내는 것은 국제분쟁화 할 우려가 있다고 난색을 표명하며, 일본 측이 궁중에 군대를 유지시키는 것에 대해서는 반대.

				또한 민 공사가 군사교관단의 규모에 대해 질문하자, 카피니스트는 친위대 조직에 요구되는 교관단의 성격을 파악하기 위해 러시아 군부로부터 가능한 한 빨리 전문가를 보낼 것이라고 언급. 민 공사는 카피니스트와 회담 후에 러시아 정부가 요구에 대한 회답안을 줄 것을 요청함.
6	30	페테르부르크		로바노프로부터 민 공사에게 회답안이 전달됨.

모스크바에 도착한 조선 사절로부터 1896년 5월 22일에 제출되어 4차에 걸친 한·러 교섭 끝에 6월 말 전달된 러시아의 회답 내용은 다음과 같다.[18]

1. 조선 국왕은 러시아 공사관에 체류하는 동안 러시아 위병(衛兵)에 의하여 호위될 것이다. 국왕은 스스로 필요하고 편리하다고 생각하는 한, 공사관에 체류할 수 있다. 만약 국왕이 환궁하게 될 경우에는 러시아 정부는 국왕의 안전에 대하여 도덕적 보호를 맡을 수 있다. 목하 공사관에 주재중인 러시아 군대는 러시아 공사의 명령으로 공사관에 계속 주재할 것이며 필요시에는 증강될 수 있다.
2. 군사교관 문제의 해결을 위해서는 가장 가까운 장래에 고등교육을 받은 경험 있는 러시아 고위장교를 서울에 파견하여 그로 하여금 조선인들과 본 문제에 관하여 협의하게 할 것이다. 즉, 이 장교는 무엇보다도 먼저 국왕의 친위대를 구성하는 문제에 전념하게 될 것이다. 또 러시아는 이와 아울러 유능한 자를 파견하여 조선의 경제상황을 연구케 하여 재정상 필요한 방책을 강구케 할 것이다.
3. 조선 정부와 협동하게 될 러시아인 고문을 파견하는 문제는 앞의 조항으로 해결된 것이다. 상기한 신뢰할 만한 파견 인원들은 러시아 공사의 지휘 하에 군부 및 탁지부의 고문관으로 복무하게 될 것이다.
4. 조선 정부에 대한 차관 체결은 조선의 경제 상태와 정부의 필요도가 확인되는 대로 고려될 것이다.
5. 러시아 정부는 러시아의 육상 전신선을 조선의 전신선과 연결시킬 것에 동의하고 이에 소요되는 원조를 제공할 것이다.

러시아의 회답안을 전달받은 민영환 공사가 조선 정부에 "만사가 순조롭다"고 타전할 만큼 양국은 만족할 만한 합의점에 도달하였다.[19] 따라서 대관식 사행과 조선 측의 5개조 요구안을 중심으로 한 한·러 교섭은 한러관계사에 있어서 전환점이 되는 역사적 사건이었다. 그것은 아관파천 중인 고종과 정부의 친러 세력이 조선의 현안 문제인 국왕 보호뿐만 아니라 재정고문의 파견과 차관 공여를 직접 러시아와 교섭할 수 있는 호기였다.

한편 러시아도 조선에 대한 러시아의 영향력을 강화하여 동아시아 정책 수행에 있어서 한반도와 만주 문제에 유리한 입장을 차지할 수 있는 기회였다. 러시아는 민영환-로바노프 교섭을 통해서 국왕 보호문제를 명례궁 합의(明禮宮, Meung Nie Koong arrangement)에 따라 처리하고,[20] 군사교관단 문제는 푸티아타(Putiata) 및 3명의 장교와 10명의 하사관을 파견함으로써 조선 정부 내에 러시아의 영향력을 확고히 하고, 재정 문제 및 차관 문제를 보장함으로써 조선의 경제적 기반까지도 장악할 수 있었다.

더구나 러시아는 조선의 5개조 요구안을 이미 접수하고 있어서 모스크바에서 진행된 러·일 간의 야마가타-로바노프 협상에서도 유리한 위치에 서 있었다. 당시 야마가타는 로바노프 외상에게 한반도의 동·서부 해안 지역의 항구와 함께 한반도 북부(39도선)를 러시아에 넘겨주는 대신에 일본은 서울을 포함한 남쪽 지역을 보유하자는 한반도의 분할을 제의하였다. 이에 대해 러시아는 조선의 독립 보존을 구실로 거절하였다. 그리고 모스크바 의정서의 비밀조항을 두어 명목상 조선을 러·일 양국의 공동보호령(Joint protectorate) 내지는 공동 점유령(Condominium)으로 만들어 일본을 잠시 안심시켜 놓았다.[21]

그러나 당시 러시아는 시베리아 철도 건설과 만주 문제에 집중할 때여서 만주 방위를 위한 완충지역으로서 한반도의 현상유지를 고려하고 있었다. 따라서 한·러 교섭에서 합의된 사항에 대해서는 1년여 만에 고종이 환궁하기(1897. 2. 20)까지 구체적으로 실행한 것이 없었다. 군사 교관 푸티아타가 2명의 장교와 1명의 군의관 및 10명의 하사관을 거느리고 한성에 도착하여 1,000명으로 구성되는 조선군 5개 중대를 편성하여 훈련시키는 업무에 착수한 것이 전부였다. 더구나 환궁 직후, 일본 외상 오쿠마 시게노부(大隈重信)가 비밀조항을 삭제하지 않은 모스코바 의정서의 원문을 조선에 통고하여 러시아가 민영환 사절에게 전달한 회답 요점을 실행할 수 없었던 까닭을 알려줌으로써 고종의 러시아에 대한 기대는 점차 약화될 수밖에 없었다.

이에 발맞추어 영국인 총세무사 브라운이 대일 채무 변제를 목적으로 한 러시아 차관을 저지하기 위해 일본 채무를 갚

민영환

윤치호

아버림으로써 민영환이 한·러 교섭에서 요청한 차관 문제는 자연 해소되었다. 뿐만 아니라 환궁 이후 조선에서는 구미 열강의 이권 침탈에 대항해 독립협회 등을 주축으로 이권반대운동과 구국개혁운동이 전개되고 있었다. 이에 따라 러시아는 아관파천을 전후하여 얻었던 조선에서의 우월한 입장을 지키기에는 많은 애로가 있었다. 즉, 러시아는 정책상의 차질로 말미암아 황제 대관식 때 한·러 교섭으로 얻은 조선에서의 확고한 우위를 잃은 결과가 되었다. 조선은 한·러 교섭을 통하여 러

대한제국에 온 러시아 군인

시아의 지지를 보장받았으나 결과적으로 러시아의 소극적인 태도로 인하여 실망과 더불어 점차 친러적 경향에서 벗어났다. 이렇게 볼 때 러시아 황제 대관식 사행(使行)과 한·러 교섭은 당시 조선의 대외정책에 있어서 친러 외교의 노선이 다변화로 전환되는 하나의 시발점이 되었다고 판단된다.

윤치호 일기를 중심으로 러시아 황제 대관식 사행과 한·러 교섭을 재구성해 보면 몇 가지의 새로운 내용이 보완된다. 첫째, 사절단 파견 논의는 1896년 초를 전후하여 친러세력을 중심으로 암암리에 처음 논의되기 시작한 것으로 보이며, 초청장은 1895년 말~1896년 초에 전달되어진 듯하다. 그리고 아관파천 이후 고종과 웨베르 공사를 중심으로 사절 파견 문제가 본격적으로 논의되다 3월 초에 구체화된 것으로 보인다. 사행 준비 기간은 3월 7일 또는 3월 10일 이후부터 31일까지였다. 사행 임명에는 웨베르 공사, 이범진, 김홍륙, 주석면, 민영환, 윤치호 등이 깊이 관여

러시아 군사교관에 의한 군사훈련

했으며, 웨베르 공사가 사행의 전반을 알선하였고 고종 역시 직간접적으로 간여하고 있었음이 나타난다. 둘째, 조선의 5개조 요구안은 한·러 간의 공식적인 외교교섭 과정을 거쳐 합의 과정에 도달하였음을 알 수 있다. 그리고 한·러 교섭에서는 러시아 측의 회답안 이외에 별도로 1895년 명례궁에서 합의된 내용이 구체적으로 논의되었음이 확인된다.

따라서 지금까지 학계에서 추정하고 있던 당시 교섭에서 회답안 이외에 별도의 밀약이 있었을 것 같지 않다는 견해나 조선 측이 당시 러시아의 영향력을 받고 있었으므로 대관식 사행에서 조선 측은 피동적이었을 것이라는 견해는 적어도 부분적으로는 재고되어야 할 것이다. 왜냐하면 웨베르 공사는 대관식 사행에 깊이 관여하였으나 조선의 요구가 5개 조항으로 집약되어 구체화되는 부분에 있어서는 어디까지나 고종과 친러파의 독자적인 의도에서 나왔으리라는 것이다.

그러므로 러시아 황제 대관식 참석을 이용한 조선의 대러 교섭은 크게는 러시아의 영향력 하에서 추진된 것이기는 하였지만, 대러 교섭에서 제시된 요구안의 구상이라든가, 교섭 과정에서 구체적으로 국왕 보호를 위한 명례궁 합의 조항을 이끌어 낸 조치 등은 적어도 조선의 독자적인 노력이 있었다고 평가해야 할 것이다. 즉, 이 시기에 조선의 세력 판도가 러·일의 각축에 의해서 전적으로 결정되었다는 학계의 견해가 지배적인 것이기는 하나, 다른 한편 조선의 조정(朝廷) 내에서도 조선의 국제정치적 위상을 확립하기 위해 나름대로 독자적인 외교 노력을 경주하고 있었음을 간과해서는 안 될 것이다.[22]

2. 대한제국의 수립과 제1차 헤이그 만국평화회의 추가 가맹 기도

민영환 공사가 대관식 사행을 마치고 귀국한 후 고종은 러시아 공사관에서 경운궁으로 이어하였다. 고종은 1897년 8월 16일 연호를 광무(光武)로 정한 뒤 10월 12일 국호를 대한제국으로 변경해 대한제국이 자주독립국임을 대내외에 천명하였다.

광무황제는 제1차 헤이그 평화회의(1899. 5. 18~7. 29)가 개최되는 시기에 대한국 국제(大韓國 國制: 1899. 8. 17)를 반포하였다. 당시 열강은 대한제국의 수립을 직간접적으로 승인하였다. 러시아와 프랑스는 직접 승인하고 축하하였으며 영국, 미국, 독일도 간접으로 승인 의사를 표시하였다. 이후 황제는 광무개혁을 통해 적극적인 대내외 정책을 추진하였다. 그것은 대한제국의 부국강병을 위한 자구책으로써 열강의 세력균형 하에 자주독립을 지키기 위한 최선의 전략이었으며, 또한 대외적으로는 동아시아에서 제국주의 열강의 이권 침탈이 가열된 데 따른 국가적 위기에 직면한 대비책이었다.[23]

1898년 들어서 영국의 웨이하이웨이(威海衛) 조차(租借)와 구룡반도 할양, 독일의 칭따오(靑島) 조차, 러시아의 여순·대련의 조차 등으로 중국 분할이 가속화되었다. 중국에는 산동 지역을 중심으로 의화단(義和團)의 활동이 확산되어 동아시아의 위기가 고조되었고 그 여파는 대한제국에도 영향을 주었다. 당시 국내에는 청일전쟁 이후 러시아를 비롯한 열강의 이권 침탈에 대항해 독립협회가 만민공동회를 통해 반러 운동을 1898년부터 본격화했다. 아울러 만주 문제에 주력했던 러시아가 1899년 9월 마산포(馬山浦) 조차를 기도함에 따라 러·일 간의 긴장도 고조되고 있었다.

고종 환궁 후 대한제국 수립을 선포한 환구단

대한제국의 황제 고종

청을 둘러싸고 러시아와 일본 간의 각축을 풍자한 삽화

이 같은 상황에서 1899년 봄, 광무황제는 알렌(A. N. Allen)에게 미국의 중재를 통한 한국중립화안을 미국 정부에 전달해 줄 것을 요청하였다. 그것은 미국이 한국 문제에 중립적인 태도를 견지하고, 조미수호통상조약에 의거해 정치적 지원을 해줄 것을 기대하고 있었기 때문이었다. 그러나 미국은 전통적인 불간섭 주의를 내세워 거절하는 한편, 한국이 독립을 유지할 만한 능력이 없으며 미 의회 역시 한국 개입을 원하지 않는다는 이유로 반대하였다.[24]

광무황제는 미국과의 교섭에만 매달리지 않고 다각적인 외교 다변화 조치를 취했다. 1899년 7월 러시아의 함경도 조차(租借) 추진설이 유포되자 중립화 구상과는 전혀 다른 의도에서 일본 공사에게 일본을 맹주로 대한제국과 청국을 포함한 동양 3국이 연횡(連橫)하여 인종과 종교가 다른 서구 열강의 침략을 막아낼 것을 제의하였다. 동시에 청과는 한청통상조약(1899. 9)을 체결하여 기존의 조중상민수륙무역장정(1882. 10. 4)의 불평등한 종속관계 규정을 청산하고 청과 대등한 관계를 수립하였다.[25]

1900년에 들어 의화단 폭동이 산둥반도 전역으로 확대되고 동년 7월에는 압록강 변경의 안동까지 확산됨에 따라 열강의 연합군은 베이징을 침공하였고 러시아는 이를 구실로 만주에 군대를 파병해 점령하였다. 이에 따라 동북아시아의 국제 정세는 새로운 위기로 접어들었다. 그것은 7월 22일 러시아 공사 파블로프가 의화단 진압을 이유로 러시아군의 한반도 북방 변경 진출을 허가해 줄 것을 요청해 왔기 때문이었다. 대한제국은 주한 외교사절 회의를 소집하는 한편 수비병을 의주에 파견하고 강계에 신설 부대를 모집하여 서북 국경지대에 1만여 명의 군사력을 동원하는 계획을 세우며 대책 마련에 부심하였다. 아울러 의화단 사건으로 간도 지역 한인들의 보호 문제가 대두하자 두만강 지역 6군에 진위대(1900. 8)를 주둔시키고, 회령에 변계경무서(1901)를 설치하고, 이범윤(李範允)을 간도시찰사로 파견(1902. 5)하여 간도 지역에 대한 영유권 행사를 시도하는 적극적인 대청 외교를 펼쳐 나갔다.[26]

1900년 7월 광무황제는 극비리에 현영운(玄暎運)을 일본에 파견하여 한일공수동맹을 타진하였으나 8월 7일에는 조병식(趙秉式)에게 다른 훈령을 내렸다. 즉, 일본을 상대로 보호 관계를 청원하지 말 것은 물론 대한제국을 벨기에나 스위스처럼 불가침이 보장되는 중립국가로 간주하도록 일본이 직접 다른 강대국들을 설득해 줄 것을 제안하도록 하명했다. 그러나 일본 외상 아오키 슈조(青木周藏)는 대한제국이 중립을 유지할 만한 국력이 없다는 이유로 반대하였다. 그 와중에 일본 주재 러시아 공사 이즈볼스키(A. Izvolsky)가 중립화 방안을 제의하였으나 일본은 러시아 군대의 만주 철병을 전제로 한 만한교환론(滿韓交換論) 수준에서 논의를 끝내고 말았다.

대한제국은 의화단 사건으로 다시 재발된 동아시아와 한반도의 위기에 대처하기 위해 벨기에와 같은 중립화안을 구체화하면서, 다른 한편 프랑스의 중재를 통해 유럽의 주요 열강과 국제외교의 폭도 넓혀갔다. 유럽과의 관계 강화를 위해 1901년 3월 벨기에와 수호통상조약을 체결한 데[27] 이어서 이범진을 러시아 공사로, 민영찬(閔泳瓚)을 프랑스 공사로 임명하는 한편, 민철훈(閔哲勳)을 독일과 오스트리아 공사로 임명하고, 민영돈(閔泳敦)을 별도로 영국과 이탈리아 특명전권공사로 임명하였다.

대한제국은 헤이그 만국평화회의와 국제적십자회의 등 국제회의에도 적극 참여하려 하였다. 당시 국내에는 1899년 5월 니콜라이 2세의 주장으로 네덜란드 헤이그에서 열린 제1차 만국평화회의에 대한 관심이 컸었다. 니콜라이 2세는 군사적인 안정을 위한 평화회의의 개최를 주창하고 전쟁과 평화 문제를 논의할 것을 제안하였다. 하지만 당시 국제 상황은 군비축소보다는 지상전/육전(陸戰)과 해전에서의 전쟁 법규 정비와 국제중재재판소(ICA, International Court Arbitration)의 설치 및 운영에 대한 논의가 더 활발했다.

『독립신문』의 영문판인 『인디펜던트(The Independent)』는 1899년 6월 복간 이후 9월 22일 폐간될 때까지 12회 발간되었는데 그 중 7회에 걸쳐 평화회의에 관한 내용을 보도하였다. 6월 22일자 논설, '평화회의'(The Peace Conference)에는 헤이그 평화회의가 어느 국제회의 보다 많은 참가국이 참가하여 "19세기 최대의 이벤트"임에는 확실하지만 회의의 유용성에 대해서는 현재 양극단의 견해가 있다고 보도하였다. 그리고 7월 13일자 논설에는 평화회의의 개최국인 러시아의 대내외 정책을 언급하며 러시아가 밖으로 국제적인 조약을 빙자하여 팽창정책을 추진하면서 내부 모순을 호도하고 있다고 비판하였다.[28]

대한제국의 헤이그 평화회의에 대한 관심과 참여 의도는 1900년 5월 외부대신 박제순(朴齊純)이 벨기에 전권대신에게 평화회의에 참석할 수 있게 협조 의뢰한 사실에서 엿볼 수 있다. 그리고 이 같은 노력으로 이후 고종은 프랑스 주재 민영찬 공사를 평화회의 총재에게 직접 보내 적십자회의 가입과 평화회의 사절단의 파견 등을 타진하였고, 1903년 1월 추가 가맹국 자격으로 가입 허가를 받는 결실을 보았다. 그것은 민영찬 공사가 프랑스에 부임한 직후 제네바협정(적십자조약, 1864)과 제1차 헤이그 평화회의의 산물인 세 가지 협정[국제분쟁의 평화적 해결을 위한 조약, 지상전의 법규와 관례에 관한 조약(Convention respecting the Laws and Customs of War on Land), 제네바협정의 원칙에 입각한 해전 협정]에 대한 가입을 추진한 데서 확인된다.

당시 네덜란드 외무장관이며 헤이그 평화회의 국제부상임위원회 의장이었던 드 보퍼르(W. H. De Beaufort)는 1903년 5월 협정국들에게 대한제국이 '지상전의 법규와 관례에 관한 조약'과 '제네바협정(적십자조약)'에 가입하였음을 알렸다. 두 조약은 정식으로 통보만 하게 되면 가입할 수 있는 것이었다. 그런데 '국제분쟁의 평화적 정착을 위한 협정'은 제2차 평화회의까지 가입조건에 대한 합의가 이루어지지 않았고 상황에 따라 만장일치를 통해 가입이 결정되었다. 이에 앞서 1903년 4월 1일 네덜란드 외무장관 린든(R. Melvin Baron de Lynden)은 해외 주재 네덜란드 대사관에 대한제국과 과테말라가 '국제분쟁의 평화적 정착을 위한 협정'에 가입하기를 원한다는 것을 주재국에게 통지하였다. 당시 과테말라의 가입에 대해서는 반대가 없었으나 대한제국의 경우에는 승인되지 않았고 그 이유 또한 불명확했다. 하지만 분명한 것은 대한제국은 프랑스 주재 민영찬 공사를 통해서 헤이그 평화회의 체제에 가입하고자 시도했다는 점이다. 특히 평화회의가 갖고 있던 국제 중재 체제는 중립화를 통해 자주와 독립권을 보장받아 주권 평등을 바라는 대한제국에게 호소력이 있는 것이었다.[29]

협정 가입을 위한 대한제국의 후속 외교 조치는 시기적으로 뒤늦은 1903년에야 취해졌다. 이것은 러·일의 전쟁 위기가 한반도에서 고조된 상황에서 대한제국이 용암포 사건을 전후로 자주 독립의 유지와 전쟁 발발 시 평화를 확보하기 위한 일련의 위기관리 외교 조치와 관련 있었다.[30]

그러나 일본은 국제관례를 무시하고 1904년 2월 8일 불법적으로 전시 중립을 선언한 대한제국의 자주권과 영토권을 군사적으로 침해하였다. 또한 러시아에게 선전포고도 없이 기습적으로 군사 행동을 개시하였다. 이 같은 일본의 전쟁 도발 행위는 결코 정당화 될 수 없었다. 일본의 기습적인 전쟁 도발 행위는 상습적이었다.

청일전쟁의 고승호(高陞號) 기습, 러일전쟁의 제물포와 대련항 기습, 그리고 태평양 전쟁의 진주만 기습 등은 결코 우연한 것이 아니라 계획적이고 불법적인 행위였다. 따라서 대한제국 황제가 을사늑약의 서명을 거부하고 헤이그 평화회의에 특사를 파견한 것은 바로 이 같은 일본의 불법적이고 강압적인 한반도 침략 행위를 국제사회에 널리 호소하기 위함이었다.[31]

1907년 헤이그 평화회의에서는 프랑스가 전쟁에 관한 국제 규정을 만들 것을 제안하였다. 러불동맹의 파트너인 러시아가 즉석에서 찬동하였고 일본을 제외한 참가국 전부도 찬성하였다. 일본 정부는 해군과의 절충 끝에 반대하였으나 국제사회로부터 고립을 자초하는 것만이 능사가 아니라는 입장에서 찬성했다. 그 결과 회의에서 '적대행위 개시에 관한 조약'이 체결되었다. 그런데 조약 체결 과정에서 "국교단절의 통고는 선전 포고에 해당 한다"고 하는 일본 측의 주장은 기각되었다. 20세기 초 국제법의 대가였던 영국의 존 웨스트레이크(John Westlake)는 저서 『국제법(International Law), 1904~07』에서 1904년 2월 6일 일본이 러시아에 대하여 국교단절과 일본 공사관원의 퇴거를 통고한 것은 전쟁 개시의 의사를 명확히 표시한 것이라고 말하기 어렵다고 하였다. 즉, 러·일 개전 당시의 국제법에 위반되는 것은 아니었지만 선전포고 이전에 군사 행동을 개시한 일본의 전쟁 도발 행위는 결코 정당화할 수 없다고 한 것이다.[32]

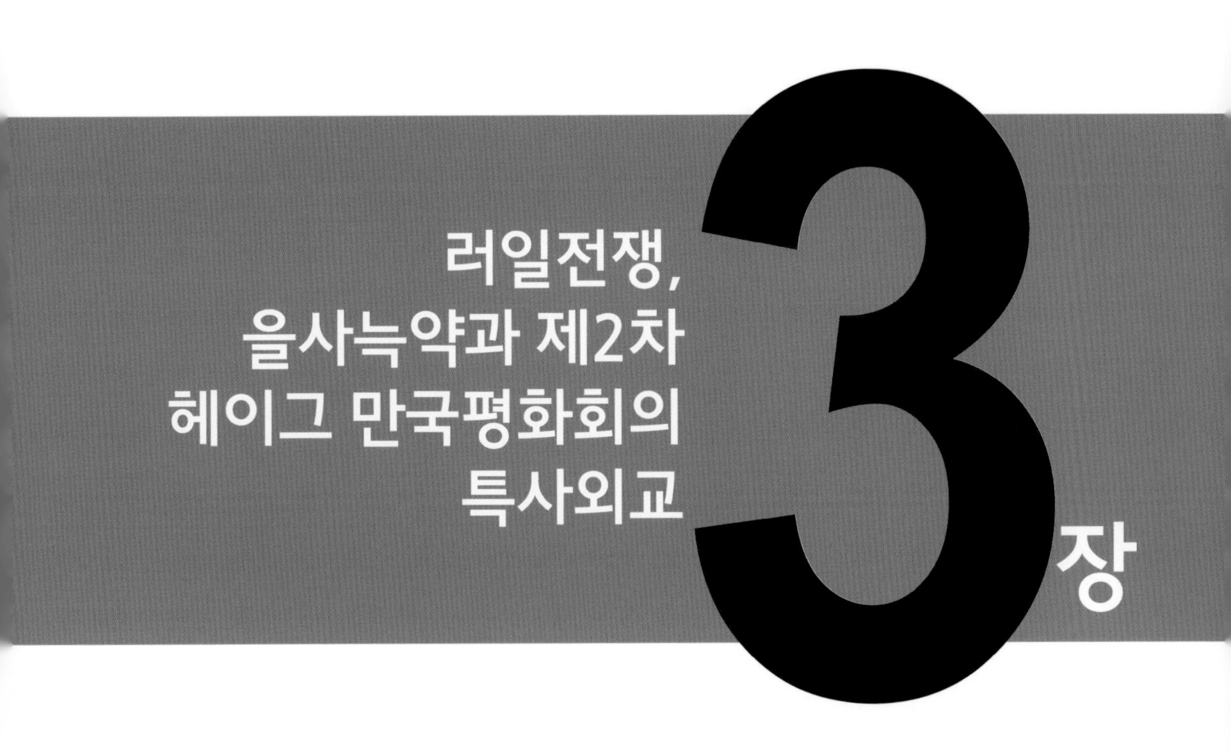

3장

러일전쟁, 을사늑약과 제2차 헤이그 만국평화회의 특사외교

1. 러일전쟁과 일본의 한반도 보호국화의 국제관계

러일전쟁이 발발하기 직전인 1904년 1월 21일 광무황제는 산동반도의 지부(芝罘)로 밀사를 파견하여 대한제국의 전시 국외 중립을 선언하였다. 그것은 한반도의 비전장화(非戰場化)와 독립 유지를 위한 적극적인 노력이었다. 이 선언은 철저한 보안 유지와 주도면밀한 신속성으로 단행되었다. 때문에 중립 선언 소식이 전해지자 대한제국과 모종의 동맹조약을 22일에 체결할 것이라고 일본 정부에 공언했던 주한 일본 공사 하야시 곤수케(林權助)는 경악했다.[33] 반면 러시아는 만족하였다. 1월 22일 영국 정부의 승인 훈령이 외부(外部)에 도달하였고, 프랑스·독일·이태리·덴마크·청국도 이를 승인하였다. 그럼에도 불구하고 2월 8일 일본군 선발대 25,000여 명이 인천 외항에 도착하였고, 9일에는 임시 파견대가 한국의 중립선언을 무시하고 불법으로 한성에 진주하여 2월 10일 선전포고를 하였다.[34]

2월 13일 하야시 공사는 외부대신 서리 이지용(李址鎔)에게 대한제국 황실의 안전과 대한제국의 독립과 영토 보전을 일본이 보장한다는 내용으로 의정서 체결을 강요하였다. 2월 23일에 조인된 한일의정서는 한마디로 일본의 침략 전쟁 수행에

러일전쟁을 위해 부산항에 집결한 일본 군인

대한제국이 국토는 물론 인적과 물적 자원을 지원해야 한다는 것이었다.[35] 한일의정서는 양국 간의 협의를 통해 결정된 것과 같은 형식을 도모하였고, 일본군은 대한제국 황제의 요청에 따라 주둔하고 러시아와의 전쟁도 한국의 독립과 평화를 위한 것처럼 꾸며졌다. 하지만 그것은 중립을 선언한 대한제국을 점령한 일본의 침략 행위를 외형상 정당화, 합법화하기 위한 계략이었다. 따라서 조약 내용은 러시아를 상대로 한 공수동맹의 성격을 띠고 있었으며 일본의 대한제국 속국화(屬國化)의 첫 걸음이었다.

3월 11일 일본군의 임시 파견대가 조선주차군으로 공식 개편되면서 한반도는 일본군이 동북삼성(東北三省)을 침략하고 러시아군을 공격하기 위한 전략적 후방기지로 전락되었다. 그것은 1898년에 로젠-니시 협정으로 조성된 한반도 내 러·일 간의 세력균형을 파괴하고 단독 보호령을 만들려는 계산된 일본의 선행조치였다. 그 후 4월 초 일본은 한일의정서에 따라 통신사업 장악에 착수하고 한성의 일본 주차대(駐箚隊) 사령부를 주차군으로 개편하였다. 이것은 한반도 경영을 위해 파견된 일본 특파대사 이토 히로부미(伊藤博文)에게 하야시 공사가 제출한 '대한사견(對韓私見)'이 실천된 것으로 상시 군대를 주둔시켜 장차 일본 이권이 대한제국의 안녕에 대한 보증이 되게 하기 위함이었다.[36]

1904년 5월 들어 대한제국의 황무지 개척권 획득을 시도한 일본은 동해의 해상권을 장악하기 위해 울릉도를 전략 거점으로 활용하는 계획에 착수하였다. 그리고 압록강 삼림 채벌권을 접수하기 위해 대한제국 정부가 러시아와 체결한 모든 조약과 이권을 폐기, 혹은 취소하는 조치를 공포하게 하였다.[37] 또한 간도 문제에 개입하여 일본 정부가 중재할 수 있도록 외부대신 이하영(李夏榮)에게 권고하였다. 이처럼 다각적인 조치를 취한 일본은 5월 31일 각의에서 '대한 방침 및 대한 시설강령'

을 결의하였다. 한일의정서가 일본의 군사상 편익를 위한 것이라면 이것은 군대 주둔, 외교와 재정 감독, 교통과 통신기관의 장악, 농림·어업·광업의 이권 획득과 개발 등 대한제국의 정치·외교·경제 모두를 장악하기 위한 구체적인 침략 계획이었다.[38]

대한 방침의 결정에 즈음하여 일본은 러일전쟁의 강화 주선을 협의하기 위해 미국에 접근하였다. 구련성과 봉황성의 전투가 끝나자 주미 공사 다카히라 고고로(高平小五郎)는 루즈벨트 대통령에게 강화 주선을 타진하였다. 6월 초 루즈벨트는 다카히라와 가네코 겐타로(金子堅太郎)를 대통령의 여름 별장이 있는 오이스터베이의 새거모아힐로 초대하여 강화를 주선하겠다는 의사를 밝혔다. 루즈벨트가 강화 알선에 나선 주요 목적은 중국의 영토 보전과 문호 개방 때문이었다.[39]

러일강화회담을 주선한 루즈벨트 대통령

7월 들어 러일전쟁의 전황이 일본에게 유리하게 전개되자 한성 일원에 군사경찰 제도를, 함경도에는 군정을 시행하였다. 7월 12일에는 만주의 한인 보호를 위하여 텐진 주재 일본 영사 이주인 히코기치(伊集院彦吉)를 대한제국 명예 영사로 임명했다. 8월 초 일본군은 여순을 공격하였고 울산해전(1904. 8. 14)에서 순양함대 사령관 에센(Karl Petrovich Jessen) 휘하의 블라디보스토크 함대를 격퇴하여 여순과 블라디보스토크 간의 해상 통로를 차단하였다. 이 같은 승전에 힘입어 일본이 추진한 것이 8월 22일 체결된 '한일 외국인 고문 용빙에 관한 협정'(제1차 한일협약)

이었다. 그것은 대한제국에 대한 내정간섭의 단계를 넘어서 외교권, 재정 관리권 등을 직접 지배하기 위한 조치였다. 이를 위해 일본은 재정고문과 외교고문을 초빙하였다.

1905년 1월 일본군은 여순을 함락시켜 서해 방위에 대한 부담에서 벗어나고 경부철도의 완공으로 전선(戰線)의 재정비가 가능해졌다. 주한 일본군 사령관은 한성 일대의 경찰권을 장악하기 위한 군령을 공표하고, 해외 주재 대한제국 공사의 소환과 통신사무를 장악하기 위한 조치를 취하였다. 1월 10일 내상 요시가와 아카마사(芳川顕正)는 수상 가쓰라 다로(桂太郎)에게 무인도 소속에 관한 비밀 공문을 보내자 1월 28일 일본 각의는 독도에 대한 일본 영토 편입을 결정하고 2월 22일 시네마현(島根縣)에 편입시켰다.

이처럼 불법적인 일본의 조치가 전개되었으나 미국의 대한제국에 대한 입장은 냉담하였다. 하지만 루즈벨트의 친일적 경향과는 달리 국무장관 존 헤이(John Hay)는 고종의 밀사로 파견된 30세의 이승만(李承晩)과 면담할 때 미국이 한국에 대한 조약 의무를 다할 것이라는 외교적 언질을 주었다.[40]

1905년 3월 유럽에서는 독일 빌헬름 2세의 탕헤르(Tangier) 방문으로 야기된 모로코 위기가 영불협상(Entente Cordiale)을 위협하고 있었다. 때문에 영국은 러일전쟁 이후 예상되는 러시아의 중앙아시아 진출로 인한 인도의 위협 가능성을 염두에 두고 외교적 딜레마에 빠졌다.

반면 일본은 봉천회전(1905. 3. 1~10)의 승리를 기회로 청국 주재 대한제국 공사관의 철수 조치를 시행하고, 4월 8일 각의에서 대한제국의 보호권을 확립하는 방침과 제1차 영일동맹을 갱신하는 원칙을 결정하였다.[41] 그 후 재정고문 메가타 다

러일전쟁에 참전한 러시아 군인

네타로(目賀田種太郎)는 대한제국의 군제(軍制)를 축소하기 위해 군부 소관의 경상비를 삭감하였고, 하기와라 슈이치(萩原守一) 대리공사는 일본군 점령 지역 내의 군정 실시를 제기하였다. 그리고 하와이 주재 일본 총영사 사이토간(齊藤幹)을 하와이 주재 대한제국 명예영사로 임명하며 본격적인 외교권 장악을 기도하였다. 이 같은 배경 하에서 5월 24일 각의에서 고무라 외상은 장래의 평화 보장, 러시아의 복수전과 전후 외교적 고립을 방지하기 위해서 영국과의 동맹조약을 공수동맹으로 전환할 것을 주장하였다.[42] 이로써 대한제국을 보호국화 하는 최종 결정과 더불어 제1차 영일동맹의 확대 방안이 결정되었다. 일본의 동맹 갱신 초안이 영국에 전달된 5월 26일부터 대한제국의 현상 변경 문제가 영일동맹과 관련하여 공식적으로 거론되었다.

THE ILLUSTRATED LONDON NEWS, JUNE 25, 1904.—951

THE WAR THROUGH JAPANESE EYES: THE WORK OF A NATIVE ARTIST.

SKETCHES BY OUR SPECIAL JAPANESE WAR ARTIST.

CAUGHT BY THE "YELLOW DWARFS": A COSSACK COLONEL CAPTURED BY JAPANESE INFANTRY.

A PROSPEROUS JAPANESE CANTEEN IN KOREA.

러일전쟁의 상황을 묘사한 삽화

THE ILLUSTRATED LONDON NEWS, JUNE 25, 1904.—956

"DEATH TO THE SPY!": MARTIAL LAW IN KOREA.

DRAWN BY ALLAN STEWART FROM A SKETCH BY A JAPANESE WAR ARTIST.

JAPANESE SOLDIERS SHOOTING A KOREAN SPY WHO HAD GIVEN INFORMATION TO THE RUSSIANS.

러일전쟁 당시 일본군의 한인 학살 삽화

1905년 5월 동해해전(東海海戰, 또는 대마도 해전: 1905. 5. 27~28)에서 발틱함대의 궤멸은 전 세계에 충격을 주었다. 그것은 러일전쟁의 종말과도 다름없었다. 패전 소식이 전해지자 영국과 러시아는 곧바로 양국 간의 교섭을 타진하였다. 하지만 독일은 영·불의 강화 중재가 이어질 경우 영·불·러와 일본 간에 4국 동맹협조 체제의 가능성을 배재할 수 없었기 때문에 우려하였다. 이에 독일 카이저는 대러 접근을 시도하였는데 뵈르쾨 회합(Treaty of Björkö)이 바로 그것이었다.

그런데 동해해전은 미국에게도 충격이었다. 루즈벨트는 서둘러 6월 9일 러·일에게 강화회의를 권고하고 시간과 장소를 조정하였다. 일본은 동해해전의 승리에도 불구하고 더 이상 전쟁을 수행할 여력이 없어 전쟁 종결의 방안을 모색할 때여서 미국의 협조가 절실하였다. 무엇보다도 한반도에 대한 일본의 독점적 지배권을 열강으로부터 확인받는 과정이 필요하였다. 이런 의도 속에 7월 29일 태프트-가쓰라(Taft-桂) 밀약이 체결되었다. 당시 가쓰라의 언급을 살펴보면, 대한제국은 일본의 대(對)러 전쟁을 불러들인 화근이기 때문에 전쟁의 귀결로써 무엇보다 한국 문제를 완전히 해결해야 한다고 보았다. 만일 대한제국을 전쟁 이후에도 그대로 둔다면 이 나라는 전쟁 이전과 마찬가지로 분명히 일본을 또 다른 전쟁에 개입하게 만들 것이라고 하였다.[43]

태프트

반면, 영국의 발푸어(A. Balfour) 수상은 그레이트 게임의 차원에서 전후 예상되는 러시아의 인도 침략 위협 때문에 전쟁이 계속되기를 원했고 러시아의 패배가 재기불능 상태에 달하기를 바랐다. 이런 때에 루즈벨트의 강화 알선은 영국과 미국의 국가 이해가 서로 배치됨을 확인하는 계기였다. 극동에서 미국과의 협력을 기대할 수 없는 영국에게 남겨진 길은 일본과 기존 동맹을 강화하는 것으로 귀착될 수밖에 없었다. 하지만 그 과정 또한 간단치 않았다. 당시 영국의 고민은 한반도에서 일본의 위상과 아프가니스탄 및 인도 방위를 위한 일본의 담보라는 군사적 고려도 중요하였지만, 대영제국의 지역 방위를 일본에게 의존한다는 것 자체가 자국의 안전보장 방책에도 위신이 서지 않았다는 점이다. 따라서 영국은 영·불 앙탕트의 상대국인 프랑스를 견고하게 지지할 필요가 있었다.

이처럼 복잡다단한 국제관계 하에서 제2차 영일동맹이 체결된 1905년 8월 12일 미국 뉴햄프셔의 포츠머스(Portsmouth)에서는 강화 교섭의 귀추를 좌우하는 기본합의가 러·일 간에 결정되었다. 이 회합에서 러시아 측은 일본이 8월 10일 제안한 12개조의 강화 조건 중에서 "제1조, 러시아는 대한제국에 있어서 일본의 정치적, 군사상 및 경제상의 일본의 이익을 인정하며, 일본의 한국에 대한 지도, 보호 및 감독에 간섭하지 않는다"는 내용을 포함한 8개 조항에 대한 단서 조항을 달고 받아들였다.

일본이 강화회담 초기에 보인 한국 문제에 대한 적극적인 태도는 영국과 영일동맹 조약의 갱신 과정에서도 돋보였다. 따라서 제2차 영일동맹은 1902년에 체결한 제1차 영일동맹에 대한 단순한 조약 갱신의 차원이 아니라 전체적인 개정이 되었다. 영국은 대한제국에 대한 제3조의 권리를 일본에게 승인하였다. 즉, "일본은 대한제국에서 특수하고 탁월한 정치적, 군사적 및 상업상의 이익을 보유하므로 영국은 일본이 제반 권익을 옹호하기 위하여 타당하고 필요하다고 사유되는 지도(guidence), 감독(control), 보호(protection)의 조치를 취할 권리를 승인한다. 단, 항상 이 같은 조치가 열국의 상공업에 대한 기회균등주의와 저촉되지 않을 것을 요

한다"는 것이었다.[44]

이것은 러일전쟁이 종료된 상황에서 영국이 영일동맹의 개정을 통해 일본에게 지전략적인 보장을 해준 것이나 다름없었다. 아울러 일본의 대한제국 보호권을 구체적으로 정당화시켜 주었다는 점에서 을사늑약을 사전에 승인한 것이나 다름없었다. 따라서 제1차 영일동맹 체결부터 러일전쟁과 제2차 영일동맹으로 이어지는 일련의 과정은 사실상 대한제국의 귀속 방향을 결정지었다고 해도 과언이 아니다.

2. 포츠머스 강화회의와 니콜라이 2세의 제2차 헤이그 만국평화회의 소집

포츠머스 강화회의는 러일전쟁을 종결시켰지만 다른 한편 강화라는 미명하에 대한제국의 의사도 묻지 않고 타자들이 한국 문제를 처리한 회의가 되고 말았다. 따라서 강화회담에서 한국 문제의 처리과정과 일본의 보호국화를 연계하는 작업은 자주권의 회복을 도모한 대한제국의 헤이그 특파 사건을 고찰하는 데 있어 중요하다.

포츠머스 강화회의는 1905년 8월 10일 시작되었지 한국 문제를 둘러싼 러·일 전권대표의 본격적인 논의는 8월 12일부터 시작되었다. 한국 문제는 심도 있게 논의되었지만 진통을 겪었다. 러시아는 지도, 감독, 보호를 명시한 일본 측 강화안 제1조의 대한제국 조항을 수용하는 조건으로 추가 단서 조항을 달았다. 그 내용은 첫째, 한반도에서 러시아의 최혜국 대우의 유지, 둘째, 일본이 지도, 감독, 보호조치를 실행하는 데 있어서 대한제국 황제의 주권을 침해할 수 없음, 셋째, 한·러 국경지역에서 군사 행동을 금지하는 것이었다. 러시아는 이러한 단서 조항의 수용을 전제로 한반도에서 일본의 강화 조건을 수용하겠다는 것이었다.[45] 하지만 일본의 수정안에는 대한제국 황제의 주권 즉, 자주와 독립에 관한 언급은 생략되어 있었다. 그것은 일본의 전쟁 목적이 대한제국의 보호국화에 있었던 만큼 황제의 주권 유지는 허용할 수 없었기 때문이다. 따라서 황제의 자주권 유지 여부는 강화 협상에서 최대 쟁점으로 부상했다.

대한제국 황제의 주권 유지를 둘러싼 교섭은 조약문에 대한제국의 독립에 관한 언급을 생략하는 대신, 회의록에 러시아의 입장을 반영하여 "일본은 한국의 주권과 관련된 일체의 조치들을 대한제국 정부의 동의를 받아 실행한다"는 문구를 넣는 것으로 합의하였다. 당시 러시아 대표단의 일원으로 참석한 플란손(G. A. Planson)의 보고서에 따르면 한국 조항은 다음과 같이 확정되었다.

> 러시아는 한국에 대한 일본의 정치, 경제, 군사적인 탁월한 지위를 인정하며, 일본이 한국에서 필수적으로 취해야할 조치로서 지도, 감독, 보호에 대해 방해하거나 간섭하지 않을 것을 약속한다. 한국에서 러시아국 신민은 여타 열강의 신민과 동등하게 대우받을 것이며 이는 최혜국의 신민과 동일한 지위에 있는 것으로 이해한다. 두 체약국은 오해를 방지하기 위해 한·러 국경에서 러시아 또는 한국 영토의 안전을 침해할 수 있는 어떠한 군사상의 조치도 취하지 않는다.

그 밖에 한국과 관련하여 다음의 부속 조항이 추가되었다. 첫째, 일본은 향후 대한제국의 주권을 침해할 수 있는 조치를 취해야 할 경우 대한제국 정부의 동의에 따라 실행하여야 한다. 둘째, 러시아는 전쟁 이전에 국경 지역에 축조했던 요새들을 철거할 의무가 없다. 철거 대상은 양국이 개전 이후 축조한 임시 요새와 여타 군사 시설물로 한정한다.

포츠머스 강화회담 전경

하지만 이처럼 합의된 한국 문제의 조항은 황제의 주권과는 무관하게 대한제국 정부의 동의 절차만으로도 대한제국의 보호국화를 가능하게 만든 것이나 다름없었다. 이런 연유로 광무황제의 대외정책은 친일 내각에 의해 밀려 무력화되었고 그래서 정부의 공식 채널이 아닌 비선조직을 통해 전개되는 단초로 이어졌다.

당시 강화 교섭에서는 일본군의 한반도 철수 문제도 논의되었다. 일본은 만주의 일본군을 한반도로 철수할 것을 제안했으나 러시아는 한반도가 아니라 일본으로 철수할 것을 강력하게 주장하여 타협점을 찾지 못했다. 러시아는 강화 교섭이 결렬되지 않고 마무리되길 바랐기 때문에 철병 문제에 간섭하지 않기로 하고 조약문에 만주 철병의 행선지를 명시하지 않는 것으로 합의했다.[46]

하지만 강화회의는 루즈벨트의 중재에도 불구하고 별다른 진척이 없었다. 협상 난항을 통고받은 일본 정부는 8월 28일 어전 회의를 거쳐 영토 배상금 요구를 포기해서라도 강화를 성립시킬 것을 타전하였다. 한편 러시아도 니콜라이 2세가 사할린 섬의 남쪽 절반을 할양해도 좋다는 양보를 비공식으로 전달했다. 이에 따라 8월 29일 오전 비밀회의, 오후 제10차 회의 등에서 사할린 할양에 러시아 측이 동의하는 선에서 강화가 성립되었다. 9월 1일 휴전 조약이 체결되고, 9월 5일(러시아력 8월 23일) 마침내 포츠머스의 해군공창(工廠)에서 강화조약이 조인되었다.[47]

러일강화회담 장소인 포츠머스 평화조약 빌딩

강화조약 체결 직후인 9월 8일 일본측 전권위원 고무라(小村壽太郎)는 미 국무장관 루트(Elihu Root)를 방문하여 장래 예상되는 러시아의 음모를 막기 위해 대한제국의 외교관계를 인수할 의사를 피력하였다. 이에 루트는 고무라에게 대한제국의 안녕과 동양의 평화를 위해 최선의 방책이라고 답했다. 다음날 고무라는 주미 일본 공사와 함께 루즈벨트 대통령을 회견하고 대한제국의 외교관계를 일본 정부에서 인수하는 문제에 대해 양해를 구한 바, 루즈벨트 역시 강화조약의 결과도 그렇게 될 것으로 예상한다며 일본의 조치에 이의가 없음을 밝혔다.

이 같은 상황은 영일관계에서도 엿보인다. 하야시 주한 공사의 전문(1905. 9. 25)에 따르면, 대한제국 황제의 동향이 배일적으로 기울어지고 있고 일본의 시정개혁이 실효를 거두지 못하므로 궁중을 숙정(肅正)해야 할 필요가 있으며, 항일 성향의 『대한매일신보』 발행인 영국인 베델(E. T. Bethell)을 해외로 방출하는 데 영국 공사가 동의하였다고 보고하였다.[48]

베델

하지만 러시아 황제는 강화조약이 체결된 지 8일 후인 1905년 9월 13일 루즈벨트에게 제2차 헤이그 평화회의의 소집을 통고함으로써 포츠머스조약의 주요 쟁점을 국제회의에서 재검토하려는 의지를 강력히 표명하였다. 주미 러시아 대사관을 통해 미국에 전달된 통고문에서 러시아 황제는 강화 교섭에서 제1차 헤이그 평화회의와 관련된 중요 문제들이 제기되었기 때문에 러시아 대표들은 논의의 출발점이 되는 새 의제들을 제출할 것이라고 하면서 소집의 이유를 밝혔다.

그것은 서구 열강이 통상조약을 체결하여 인정한 대한제국의 자주 독립을 전쟁과 강화조약이라는 미명하에 말살할 권리가 일본에게 있는지, 그리고 독립국인 대한제국을 군사적으로 강제 점령하고 전쟁터로 만든 것도 문제였지만 전쟁이 종결되었음에도 불구하고 일본이 군사적 점령을 지속하는 행위가 타당한지를 국제법적으로 그 부당성을 환기할 필요가 있다는 것이었다. 그러한 의도로 1905년 10월 31일 러시아 외상 람스도르프(V. N. Lamsdorff)는 주한 러시아 공사 파블로프(A. Pavlov)를 통해 대한제국의 주권 불가침을 전적으로 인정하며 국제관계에서 주권 불가침에 대한 견해를 밝히기 위해 1905년 10월 9일자 외교 각서로 주러 대한제국 공사 이범진에게 초청장을 발송하였다.

제2차 헤이그 평화회의를 소집한 니콜라이 2세 황제와 가족

러일전쟁으로 대한제국을 떠나는 파블로프 공사와 일행

대한제국의 주권이 위협 받던 때인 1905년 9월 27일 제2차 영일동맹조약이 공포되자 10월 5일 박제순은 주한 영국 공사 조단(J. N. Jordan)과 회견하는 자리에서 “열강의 관점에서 국가는 독립국으로서 지지되며 동등한 권리와 특권을 향유하고 있는데 왜 우리나라는 이 규칙으로부터 제외되고 있는가? 만약 다른 제3국이 영국에 영향을 주는 협정을 체결한다면 영국은 이에 동의하겠는가?”를 반문하며 제2차 영일동맹의 부당성을 격렬히 항의하였다. 그러나 조단 공사의 대응은 냉담하였다. 그는 대한제국의 호소를 기묘한 요구라고 보았다. 그에 따르면 일본과 체결한 한일의정서와 제1차 한일협약 등으로 인해 대한제국이 지금의 상태가 된 것이며 영국은 이에 대한 하등의 책임이 없다고 본국에 보고하였다.[49]

10월 17일 주한 일본 임시 대리공사는 앞서 외부대신 박제순이 영국 공사에게 조회하여 영국 정부의 동맹조약 체결에 항의한 사실을 본국 정부에 알렸다. 이와 함께 광무황제의 밀사가 대한제국의 지위와 관련하여 외국의 원조를 구하기 위한 황제의 밀명을 갖고 파견될 것이라는 첩보를 보고하였다.[50]

포츠머스 강화회담을 마치고 귀국한(1905. 10. 16) 고무라 외상은 미국의 철도왕 해리만(E. H. Harriman)과 가쓰라 수상이 합의한 남만주철도의 공동관리안을 취소하여 미국 자본의 만주 진출을 저지하고, 요양(遼陽, 랴오양)에 관동도독부의 설치를 시도하였다. 그리고 10월 20일 일본군 13사단 사령부와 그 부속 여단이 원산에 상륙하여 함흥에 사단 사령부를 설치하였다. 이어서 10월 24일부터 28일까지 약 1만 명에 달하는 일본군 15사단 30여단이 인천에 상륙하고 평양에 사단 사령부를 설치하였다.

이와 같은 군사 조치를 감행한 후 10월 27일 일본 각의는 대한제국과 보호조약을 체결하여 외교관계를 완전히 일본 수중에 넣을 것을 결의하고 결행 시기를 11월 초순으로 확정하였다.[51] 이에 따라 하야시 공사는 일본군 사령관 하세가와 요시미치(長谷川好道)와 협력하여 이토 히로부미의 도착을 기해 계획을 실행하였다. 11월 9일 내한한 이토 히로부미는 다음날 광무황제를 알현하고 일왕의 친서를 전하면서 황제를 위압하였다. 이어 11월 15일 고종황제를 다시 알현하여 보호조약의 원안을 제시하고 동의할 것을 강압하고, 16일에는 외부대신 박제순을 일본 공사관으로 초치하여 조약 체결을 위압하였다. 그리고 1905년 11월 17일, 일본군이 포위한 가운데 경운궁 수옥헌(漱玉軒)에서 개최된 어전회의에서 을사오적의 찬성을 받아낸 이토와 하야시 곤수케가 외부대신의 도장을 탈취하여 조약문에 날인하였다. 바로 을사늑약의 체결이었다. 따라서 을사늑약은 군사적 강제와 협박에 의한 것으로 광무황제의 인준이나 국새의 날인도 받지 않은 불법적인 조약이었다.

고종황제는 조미수호통상조약에 근거해 미국에게 거중 조정을 요청하기 위해 1905년 10월 헐버트(H. B. Hulbert)를 광무황제의 친서를 전달할 특사로 선정해 미국에 보냈다. 이어서 11월 황제의 지시를 받은 외무대신 박제순은 미 국무장관 루트에게 서신을 보냈다. 그것은 대한제국정부가 현재 일본에 의해 부당하고 억압적인 대우받고 있으므로 미국 대통령과 정부가 조미수호통상조약에 따라 우호적이고 합법적인 거중 조정을 요청하는 내용이었다. 그러나 미국 정부는 한국 문제에 냉담하였다.

광무황제의 특사 임무를 수행한 헐버트

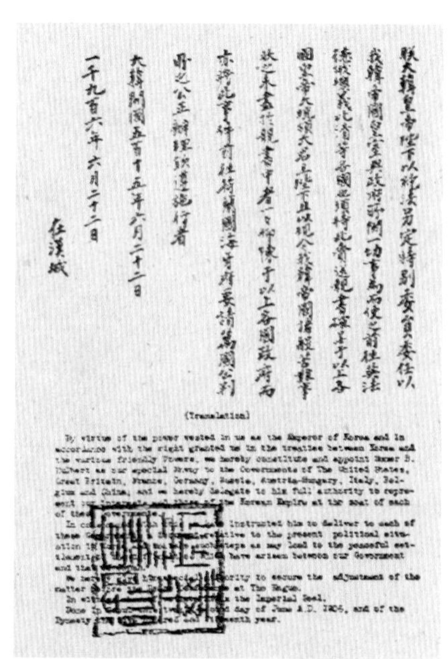

(Translation)

By virtue of the power vested in us as the Emperor of Korea and in accordance with the right granted us in the treaties between Korea and the various friendly Powers, we hereby constitute and appoint Homer B. Hulbert as our special Envoy to the Governments of The United States, Great Britain, France, Germany, Russia, Austria-Hungary, Italy, Belgium and China, and we hereby delegate to him full authority to represent our [illegible] of the Korean Empire at the seat of each of the [illegible]

In [illegible] instructed him to deliver to each of these [illegible] relative to the present political situation [illegible] steps as may lead to the peaceful settlement [illegible] have arisen between our Government and the [illegible]

We [illegible] authority to secure the adjustment of the matter [illegible] at The Hague.

In [illegible] the Imperial Seal.

Done [illegible] day of June A.D. 1906, and of the Dynasty [illegible] fifteenth year.

헐버트를 특별위원으로 임명한 광무황제의 위임장

광무황제는 미국의 냉담한 태도를 보고 다음 단계로 열강을 상대로 을사늑약의 불법성을 알리고 한국 문제에 대한 열강의 공동 개입을 호소하는 비밀외교를 전개하였다. 런던 트리뷴지 기자인 스토리(Douglus Story)에 의뢰하여 베이징 주재 영국 공사에게 전송한 1906년 1월 19일자 광무황제의 친서를 통해 향후 5년 동안 열강의 공동 보호를 요청하였다.[52] 그리고 그 후속조치로 특사 파견을 단행하였다. 1906년 6월 22일자로 헐버트에게 영국·프랑스·독일·러시아·오스트리아-헝가리제국·이태리·중국·벨기에 등 9개국 국가 원수에게 협조를 요청해 헤이그 국제사법재판소에 한국 문제를 제소할 뜻을 전달하는 황제의 친서와 특별위원으로 임명하는 임명장을 수여했다. 헐버트에게 내린 광무황제의 신임장은 이듬해 헤이그 특사에게 부여한 신임장의 취지와 동일했다. 그 내용은 다음과 같다.

> 짐은 헐버트를 미국, 영국, 프랑스, 독일, 러시아, 오스트리아, 헝가리, 이탈리아, 벨지움 및 중국 정부에 특별사절로 임명한다. 차제에 그에게 전권을 부여하여 짐과 또 대한제국의 제반 관계를 위해 열거한 제국 정부에 대표케 한다. 동시에 짐은 그에게 한국의 정치 현황에 관한 문서를 각국 정부에 전달케 하고 본국 정부와 일본 정부 간에 야기된 여러 가지 문제를 헤이그 평화회의에서 현 사태의 조정을 담당하도록 특별사절의 자격을 부여한다.[53]

헐버트는 특사의 이면에서 역할을 하겠다는 양해 하에 임무를 수락하고 밀지를 받아 1906년 6월 한성을 출발하였다. 헐버트의 비밀 사행은 제2차 헤이그 특사의 사행을 보조 내지 측면 지원하는 역할과도 긴밀히 연관되었다.[54] 그는 이듬해 가족과 스위스로 가서 조만간 있을 평화회의를 대비한 준비 작업에 착수하였다. 이 준비 기간에 제1차 헤이그 평화회의에서 활동한 영국 언론인 스테드(William. T.

Stead)를 만나 그가 편집을 담당하는 『평화회의보Courrier de la Conference)』에 대한제국 특사의 임무와 활동에 대해 보도할 수 있도록 사전조치를 해 두었다.[55]

한편, 일본은 불법적인 을사늑약을 강제하고 11월 23일 조약 전문을 공표하며 각국의 협조를 요청하였다. 주한 미국 공사관은 1주일 후 폐쇄하라는 훈령을 받았고 각국 공사들은 마치 침몰하는 배에서 쥐떼가 도망치듯 한성을 떠났다.[56] 곧이어 일본은 청일조약을 체결(1905. 12. 22)하여 만주의 철도 이권을 접수한데 이어 관동도독부의 군정서를 통해 남만주철도주식회사를 설립하였다. 그리고 남만주의 권익을 유지하고 구체화하는 계획을 수립하고 관동도독부의 관제를 공포하는 등 본격적인 만주 독점화를 시도하였다. 일본군의 만주 선점 조치에 대해 1906년 3월 미국과 영국은 일본에 강력히 항의하였다.

을사늑약 상황을 그린 삽화

한편 러시아는 포츠머스 회담의 결과 남만주에서 한걸음 물러났지만 한국 문제에 관해서는 을사늑약의 부당성과 불법성, 그리고 대한제국의 국제적 지위를 끊임없이 제기함으로써 국제사회에 공론화시키려 했다. 그 일환으로 러시아는 헤이그 평화회의에 대한제국을 공식 초청하였다. 반면 영국은 전후 인도 국경의 불안정, 러시아의 중앙아시아 진출과 일본의 대러 접근 등을 우려하여 만주와는 달리 한반도 문제에 관한 한 러시아가 내세웠던 대한제국 독립국의 지위 주장을 반박하였다. 그리하여 간접적으로 일본의 대한제국 보호국화를 지지하여 러시아가 제기한 한국 문제의 공론화를 차단했다. 따라서 당시의 국제관계를 고려해 볼 때 대한제국의 보호국화라는 한반도 문제는 동아시아의 지역 문제뿐만 아니라 전쟁과 평화라는 세계 문제의 결정적인 요인이 될 역사적 맥락을 갖고 있었다.

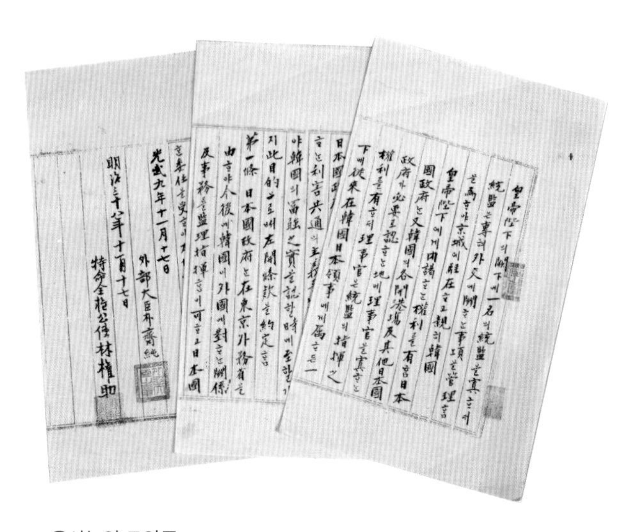

을사늑약 조약문

3. 제2차 헤이그 만국평화회의와 대한제국 특사의 외교활동

제2차 헤이그 평화회의는 러시아가 개최를 주도하여 1907년 6월 15일부터 10월 18일까지 45개국의 대표 247명이 헤이그에 모여 열린 국제회의였다. 제2차 회의는 원래 1904년 10월 21일 미국 루즈벨트 대통령의 선도로 발의되었고 그 해 12월 16일에 국무장관 존 헤이가 참가국에게 회의 개최를 제안하는 각서를 보내면서 공론화되었다.[57] 1904년 11월 23일자 『대한매일신보』는 루즈벨트 대통령이 평화회의를 제안하였으나 현재 전쟁 중인 러시아와 일본이 반대했다는 사실을 보도하면서 전쟁이 끝나는 대로 회의가 개최될 것이라고 보도하였다.[58] 러시아는 포츠머스 강화회의 직후 자국의 국제 문제를 해결하려는 명분으로 미국과 협의하여 소집을 준비하고 1906년 4월 12일 47개국을 선정하여 20일자로 미국에 통보하였다.

그러나 동년 7월에 평화회의를 개최하려던 계획은 범미주회의(Pan-American Conference)가 브라질의 리우 데 자네이루(Rio de Janeiro)에서 개최되었기 때문에 미국의 요청으로 연기되었고, 이듬해인 1907년 전쟁법(Law of War)에 관한 협정을 의제로 하는 제2차 헤이그 평화회의가 개최되었다. 제2차 평화회의는 제1차 평화회의에서 논의된 국제분쟁의 평화적 해결을 위한 협약과 지상전(육전) 조례를 보완하였고, 특히 의무적인 중재 원칙에 따라 국제중재재판소와 국제사법재판소(ICJ: International Court of Justice)를 설치, 운영할 것을 합의하였다.

당초 러시아의 초청국에는 대한제국이 포함되어 있었다. 러시아 황제의 초청장은 러시아 주재 대한제국 공사 이범진(李範晋)을 통해 1906년 4월 비밀리에 광무황제에게 전달되었다. 1905년 10월 31일 러시아 외무성이 베이징 주재 러시아 공사 포코틸로프(Dmitrievich Pokotilov)에게 보낸 기밀 전문에는 헤이그 평화회의에서 러시아가 의도하는 바가 무엇이었는지 명확하게 보여주었다. 이에 따르면 러시아 정부는 대한제국을 헤이그 평화회의에 초청하기로 하고 대한제국의 신성불가침한 주권에 대한 입장을 국제사회에 천명시킨다는 의도를 갖고 있었다. 그래서 이범진 공사에게 각서 형식으로 초청을 통보하였다. 이것은 러시아 정부가 이범진 공사를 여전히 대한제국의 합법적인 대표로 간주하고 있었음을 보여주는 것이었다. 하지만 러시아는 대한제국 정부로부터 아무런 회신을 받지 못했다.[59]

대한제국 러시아공사 이범진

이범진과 그의 아들 이위종(국립고궁박물관 소장)

러시아는 을사늑약이 체결되었음에도 불구하고 이에 개의치 않고 일본 주재 러시아 공사 바흐메찌예프(Iu. P. Bakhmet'ev)를 통해 1906년 6월 7일 대한제국의 참가 여부를 일본 정부에게 문의하였다. 일본은 을사늑약에 따라 대한제국은 참가할 수 없다고 대답하였다. 동년 10월 9일 바흐메찌예프 공사는 하야시 외상을 만난 자리에서 일본 정부에 더 이상 대한제국의 참가 문제에 대해 언급하지 않겠다고 통보하였다. 이에 따라 대한제국의 특사들은 공식 초청장도 없이 헤이그에 갈 수밖에 없었다.

이상설

이준

대한제국 특사로 명기된 신임장(1907. 4. 20)을 갖고 파견된 헤이그 특사로는 이상설(李相卨: 1870~1917). 이준(李儁: 1859~1907), 이위종(李瑋鍾: 1886~?)이 임명되었다. 이상설은 정사(正使), 두 사람은 부사(副使)였다.

이상설은 당시 37세로 1905년 당시 의정부 참찬으로 을사늑약의 실상을 직접 목도한 인물이었다. 그는 조약 체결에 반대하여 "황제가 이를 거부하지 못할 지경이면 자결을 하시라!"는 상소를 올렸다. 그는 참정 한규설(韓圭卨), 시종무관장 민영환과 사전에 대응책을 놓고 협의할 때 조약 체결에 결사적으로 반대할 것이며 여의치 못할 경우 현장에서 대신들이 자결할 것을 주문하였다. 을사조약이 불법 강제로 체결된 것임을 대외에 폭로하기 위함이었다.

이준은 47세로, 한국 최초로 설립된 법관양성소를 제1회로 졸업한 뒤 검사로 활동한 사람이었다. 그는 국제법에 밝았고 전덕기(全德基) 목사가 담임하던 상동교회를 기반으로 상동 청년회장을 역임하며 청년 활동에도 주력한 인물이었다. 러일전쟁 당시 일본이 황무지 개척권을 요구하자 보안회(保安會)를 설립해 반대 투쟁을 전개하였다. 이후 공진회(共進會), 신민회(新民會), 헌정연구회(憲政硏究會), 국채보상연합회(國債報償聯合會) 등에서 활동했다. 그의 적극적인 대외 활동과 국제법에 대한 해박한 지식 등이 고려되어 특사의 일원으로 선발되었다.

이위종은 친러파의 거두 이범진의 아들로 미국, 유럽 및 러시아 주재 공사로 부임한 부친을 따라 7세 때부터 해외에서 성장하면서 영어, 불어, 러시아에 능했다. 이위종은 헤이그에서 특사 임무를 수행할 때 각국의 사절이나 해외의 언론인들을 만나 통역을 담당하며 외교 활동을 전개하였다. 광무황제의 위임장을 받은 헐버트도 특사사절의 일원으로 세 특사와 함께 활동하였다.[60]

전덕기·이회영 등이 헤이그 특사활동을 준비했던 상동교회

이들 외에도 미국에 거주한 박용만(朴容萬)의 추천으로 재미 한인 윤병구(尹炳球: 1877 또는 1879~1949)·송헌주(宋憲澍: 1880~1965)가 특사 임무에 동참해 유럽에서 외교 활동을 전개했다. 윤병구는 헤이그의 국제협회에서 대한제국을 위한 연설을 하였다. 그 외 미국에서 박용만과 한인 교민을, 러시아에서 이범진과 연해주의 한인들, 헤이그 현지에서 언론인 스테드 등이 특사활동을 후원하였다. 또한 특사 파견 과정에는 상동교회 전덕기 목사와 이회영(李會榮), 이시영(李始榮), 이동녕(李東寧) 등이 활약했다. 신임장은 이회영이 궁중 내시 안호영(安鎬瀅)과 연락한 후 헐버트를 통해 이준에게 전달되었다. 고종이 헤이그 특사에게 내린 신임장의 내용은 다음과 같다.

> 대한제국의 자주독립은 세계 각국이 인정한 바이다. 대한제국은 각국과 조약을 체결하였으니 열국 회의에 사절을 파견하는 것이 도리이다. 1905년 11월 18일 일본이 외교대권을 강탈하여 우리와 열국의 우의를 단절시켰다. 일본이 공법과 인도를 어기며 기만하고 능멸한 것이 이루 다 말할 수 없다. 종이품 전 의정부 참찬 이상설, 전 평리원 검사 이준, 전 주 러시아 공사관 참서관 이위종을 화란의 헤이그 만국평화회의에 특사로 파송한다. 우리나라의 제반 고난과 사정을 회의장에서 피력하여 우리의 외교대권을 회복하고 우리와 열국과의 우의를 회복하게 하라.
>
> 대한 광무 11년 4월 20일 한양 경성 경운궁[61]

요지는 국제법을 위반하고 대한제국의 외교권을 강탈한 일본을 성토하고 대한제국의 외교권을 회복하기 위해 특사를 파견한다는 것이었다.

고종의 특사 파견은 헤이그에서의 활동 임무 이외에도 그 이후를 대비한 별도의 사명도 부여하고 있었다. 그것은 구미 각국을 순방하여 일본이 대한제국을 강제로 보호국화한 상황을 알려 지원을 요청하고 자주권의 수호를 위해 해외 한인들의 결집과 단체 구성을 독려하는 것이었다. 실제로 헤이그를 떠난 이상설과 이위종은 영·불·러·미 등을 순방하며 한국의 사정을 호소했다. 그리고 현지 한인들의 결속과 실력 양성, 그리고 단체 조직 등을 강조하며 향후를 대비한 준비를 촉구하였다.

이상설은 헤이그 사행을 위해 1년 전인 1906년 4월 초순에 이동녕·정순만(鄭淳萬) 등과 러시아 연해주의 블라디보스토크로 출국하였다. 1907년 4월 출국한 이준은 블라디보스토크에서 이상설과 합류하였다. 두 사람은 6월 중순 시베리아 철도편으로 페테르부르크에 도착하여 러시아 주재 대한제국 공사 이범진과 그의 아들 이위종을 만나 합류하였다. 당시 이범진은 을사늑약으로 대한제국의 외교권이 상실된 이후에도 러시아에 남아 은밀히 외교 활동을 전개하고 있었다. 그곳에서 세 특사들은 니콜라이 2세를 예방하고 광무황제의 친서를 전달하고 러시아 외무대신을 만나 도움을 요청했다. 그러나 당시 러시아와 일본 간에는 러일협약이, 러시아와 영국 간에는 영러협상이 교섭 중이어서 심정적으로 동정하면서도 공식적인 외교 측면에서는 특별한 도움을 받지 못했다.

헤이그 세 특사. 왼쪽부터 이준, 이상설, 이위종

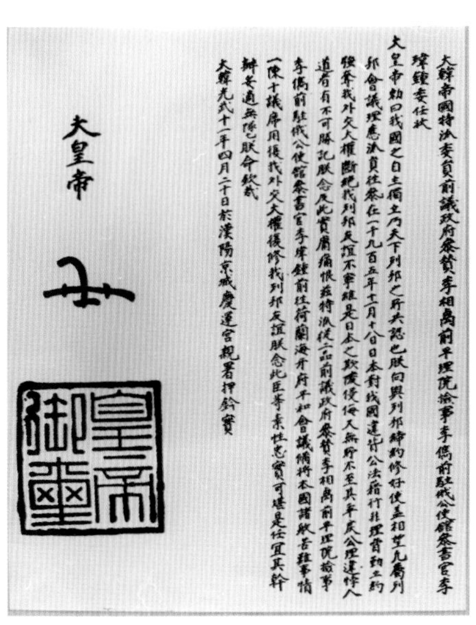

大韓帝國特派委員前議政府參贊李相卨前平理院檢事李儁前駐俄公使館參書官李瑋鍾委任狀

大皇帝勅曰我國之自主獨立乃天下列邦之所共認也朕向與列邦締約修好使臣相望凡屬列邦會議理應派員往參在一千九百五年十一月十八日日本對我國違背公法擅行非理脅勒立約强奪我外交大權斷絶我列邦友誼不寧唯是日本之欺凌侵侮又無所不至其乎悖公理違人道者有不可勝記朕念及此實用痛恨玆特派從二品前議政府參贊李相卨前平理院檢事李儁前駐俄公使館參書官李瑋鍾前往荷蘭海牙府平和會議俾將本國諸般苦難事情一一陳于議席用復我外交大權復修我列邦友誼朕念此臣等素性忠實可堪是任宜其幹辦妥適無孱朕命欽哉

大韓光武十一年四月二十日於漢陽京城慶運宮親署押鈐寶

大皇帝

皇帝御璽

헤이그 특사 신임장

헐버트를 비롯해 헤이그 특사들의 활동을 도운 스테드

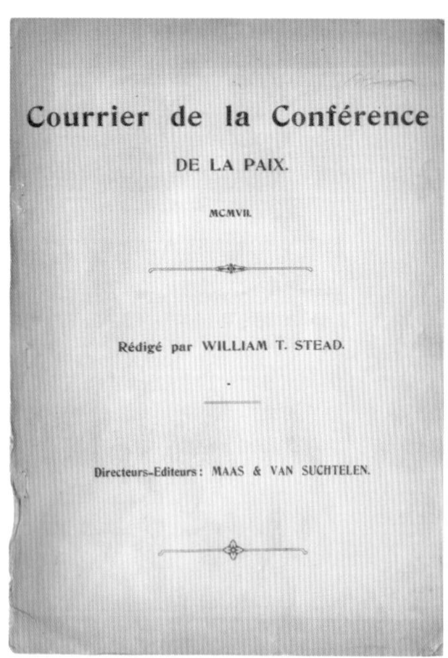

Courrier de la Conférence
DE LA PAIX.
MCMVII.

Rédigé par WILLIAM T. STEAD.

Directeurs-Editeurs : MAAS & VAN SUCHTELEN.

스테드가 발행한 『평화회의보』

평화회의가 열린 지 10일 후인 6월 25일 특사들은 헤이그에 도착하였다. 헐버트도 5월 8일 한성을 출발하여 블라디보스토크로 가서 다시 시베리아 철도로 유럽을 거쳐 페테르부르크, 독일, 스위스, 프랑스 파리 등지를 거쳐 7월 10일 헤이그에 도착했다. 그는 베를린에서 영국 언론인 스테드를 만나 한국의 처지를 호소하여 그의 협력을 얻어냈다.[62] 스위스에서는 친구 언더우드(Horace Underwood)와 함께 미국의 협조를 얻을 방안에 대해 협의하였다. 특사들은 헤이그 시내 드용 호텔(Hotel De Jong, 바겐스트라트 거리 124번지 소재)에 숙소를 정한 뒤 호텔에 태

헤이그 세 특사의 숙소 드용 호텔. 이 곳에서 이준 열사가 순국했다.

Courrier de la Conférence
DE LA PAIX

Tjoune Yi-Sang-Sul. Prince Tjijong-Oui-Yi.

Nº. 69. — MARDI 3 SEPTEMBRE 1907

Les Coréens à La Haye.

Retour du Prince Yi.

Le Prince Yi, accompagné d'un de ses compatriotes qui parle l'anglais, est arrivé à La Haye samedi dernier, afin de prendre soin du transport à Chemulpo de la dépouille du Coréen qui est mort à La Haye.

Ils ont à vainere quelques difficultés puisqu'ils refusent de faire viser leurs papiers officiels par les représentants du Japon à La Haye. Le corps aurait dû partir de Rotterdam par un des vapeurs du „Norddeutscher Lloyd", pour être transporté à Shanghai et puis à Chémulpo.

Notre nouveau visiteur coréen Pyeng K Yoon a fait ses études à l'université d'Harvard. Il a été envoyé à Portsmouth lors des négociations sur le traité de paix, ayant été délégué par les Coréens d Haw aii auprès du Président Roosevelt, pour essayer de faire quelque chose en faveur de l'indépendance de la Corée. Il a consenti à prononcer aujourd'hui à 4 heures un discours, au Cercle International, Princessegracht 6*a* et tous ceux qui s'intéressent à „l'avenir de la Corée" sont invités à assister à cette réunion, qui sera présidée par M. William T. Stead. Le Prince Yi sera également présent et dira quelques mots. Le sujet du discours sera: „Le système politique de la Corée à l'avenir."

Le Prince Yi se déclare fort satisfait des résultats de sa visite aux Etats-Unis. Il est entendu que, tout en continuant à s'opposer à la perte de leur indépendance, nos visiteurs coréens se proposent de préconiser une politique plus pacifique que celle qui semblait avoir les sympathies du Prince Yi

헤이그에서 특사들의 외교활동을 보도한 『평화회의보』 기사
(1907. 9. 3)

극기를 내걸고 공개적인 활동에 들어갔다. 특사들의 동향을 면밀히 감시하고 있던 일본 대표들은 이 사실을 본국과 한국통감부에 급전으로 알리는 한편 특사들의 활동을 방해하였다.

특사 일행은 6월 25일 헤이그 평화회의 제1분과위원회를 방문하여 광무황제의 친서를 전달했다. 친서 내용은 강압으로 대한제국 정부의 기능을 마비시키고 외교 활동을 막은 일본의 불법 행위를 이번 평화회의에서 주요 의제의 하나로 다루어지기를 바란다는 것이었다. 이틀 후인 6월 27일 특사들은 일본의 침략상과 대한제국의 요구를 명확히 알리기 위해 「공고사(控告詞)」와 일본의 한국 침략상을 생생하게 요약한 부속 문서 「일인불법행위(日人不法行爲)」를 작성해 일본과 영국을 제외한 40여 참가국 대표들에게 보냈다. 「공고사」의 전문은 다음과 같다.[63]

헤이그, 1907년 6월 27일

헤이그 만국평화회의 대표 자격으로 대한제국 황제폐하에 의해 특파된 전 의정부 참찬 이상설, 전 평리원검사 이준, 페테르부르크 주재 대한제국 공사관의 전 참사관 이위종은 우리나라 독립이 여러 나라에 의해 1884년에 보장되고 또한 승인되었음을 각국 대표 여러분에게 알려 드림을 영광으로 생각합니다. 그뿐만 아니라, 우리나라의 독립은 여러분의 나라에서 지금까지 인정하여 왔습니다.

1905년 11월 17일까지 이상설은 당시 의정부참찬으로 재임했던 까닭에 일본이 국제법을 무시하고 무력으로 우리나라에 들어와 귀국과 오늘날까지 유지되고 있는 우호적인 외교관계를 강제로 단절하고자 하였던 일본의 음모를 목도하였습니다. 그러므로 일본인이 사용한 방법과 내용을 각국 대표 여러분에게 알려드리고자 합니다. 일본인은 그들 목적을 달성하기 위하여 무력으로 위협하고 대한제국의 권리와 법률을 침해하는 데 주저하지 않았습니다. 우리는 일본인이 어떠한 방법을 사용하였나 하는 것을 여러분에게 알려드림을 혜량(惠諒)하시고 보다 명확한 설명을 드리기 위하여 우리의 규탄 이유를 아래 세 가지로 요약합니다.

1. 일본인은 황제폐하의 재가 없이 을사5조약을 체결하였습니다.
2. 일본인은 자기들의 목적을 달성하기 위하여 대한제국 정부에 대하여 무력행사를 감행하였습니다.
3. 일본인들은 대한제국의 법률이나 전통을 무시하고 행동했습니다.

이상 열거한 세 가지 사실이 국제법(the International Conventions)을 침해하였는지의 여부를 대표 여러분들의 공정한 판단에 맡기겠습니다.

일본의 이러한 간교(奸巧)가 우리나라와 우방국가의 사이에 지금까지 유지되고 있는 우호적인 외교관계를 단절하게 하고, 항구적인 동양평화를 위협하게 되는 것을 우리들이 독립국가로서 어떻게 용납할 수 있겠습니까?

우리는 헤이그 만국평화회의 참석을 목적으로 한 황제폐하의 사절임에도 불구하고, 일본이 바로 우리나라의 권리를 침해했기 때문에 이 회의에 참석할 가능성을 박탈당한 데 대하여 심히 유감으로 생각합니다.

우리는 본국을 떠나던 날까지 일본인이 자행한 모든 방법과 범죄행위의 개요 문서를 별첨합니다. 우리나라에 대하여 지극히 중대한 문제에 여러분의 우호적 배려를 바랍니다. 보충자료가 필요하시거나 또한 우리가 대한제국 황제폐하로부터 전권을 위임받았다는 사실을 확인하고자 하신다면 알려 주시기 바랍니다. 우리는 대표 여러분에게 제반 편의를 제공하는 영광을 갖겠습니다.

대한제국과 우방국과의 외교관계 단절은 결단코 대한제국의 자의에 의한 것이 아니라 일본에게 침해당한 결과라는 점에 비추어 우리가 만국평화회의에 참석하여 일본의 음모를 천하에 밝힘으로써 우리나라의 권리를 수호할 수 있도록 대표 여러분의 호의적인 중재를 간청하면서 여러분에게 공고하는 바입니다.

각국대표 여러분에게 우리는 미리 감사드리며 높은 경의를 표합니다.

이상설 이준 이위종

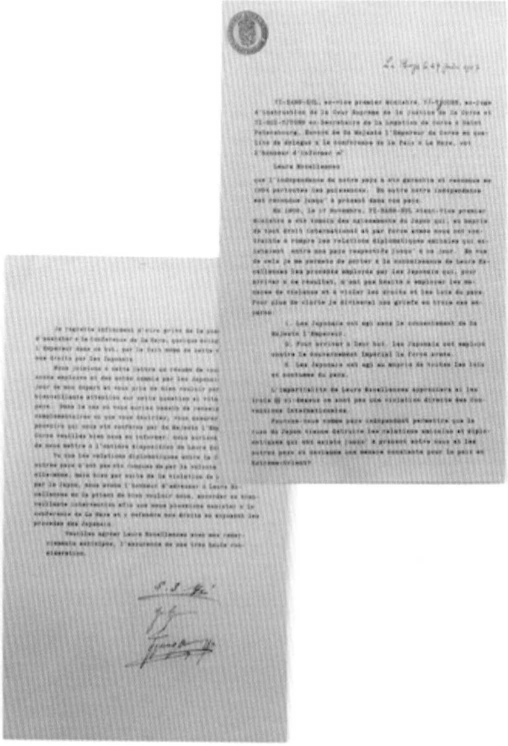

La Haye le 27 juin 1907

YI-SANG-SUL, ex-vice premier Ministre, YI-TJOUNE, ex-juge d'instruction de la Cour Suprême de la justice de la Corée et YI-OUI-TJYONG ex-Secrétaire de la Légation de Corée à Saint Pétersbourg, Envoyés de Sa Majesté l'Empereur de Corée en qualité de délégués à la conférence de la Paix à La Haye, ont l'honneur d'informer a'

Leurs Excellences

que l'indépendance de notre pays a été garantie et reconnue en 1884 par toutes les puissances. En outre notre indépendance est reconnue jusqu'à présent dans vos pays.

En 1905, le 17 Novembre, YI-SANG-SUL étant vice premier Ministre a été témoin des agissements du Japon qui, au mépris de tout droit international et par force armée nous ont contraints à rompre les relations diplomatiques amicales qui existaient entre nos pays respectifs jusqu'à ce jour. En vue de cela je me permets de porter à la connaissance de Leurs Excellences les procédés employés par les Japonais qui, pour arriver à ce résultat, n'ont pas hésité à employer les mesures de violence et à violer les droits et les lois du pays. Pour plus de clarté je diviserai nos griefs en trois cas séparés.

1. Les Japonais ont agi sans le consentement de Sa Majesté l'Empereur.

2. Pour arriver à leur but, les Japonais ont employé contre le Gouvernement Impérial la force armée.

3. Les Japonais ont agi au mépris de toutes les lois et coutumes du pays.

L'impartialité de Leurs Excellences appréciera si les trois [illegible] ci-dessus ne sont pas une violation directe des Conventions Internationales.

Pouvons-nous comme pays indépendant permettre que la ruse du Japon vienne détruire les relations amicales et diplomatiques qui ont existé jusqu'à présent entre nous et les autres pays et devienne une menace constante pour la paix en Extrême-Orient?

[illegible]

Veuillez agréer Leurs Excellences avec nos remerciements anticipés, l'assurance de nos très haute considération.

헤이그 평화회의에 참가한 40여 참가국 대표들에게 보낸 「공고사」
헤이그 특사로 활동한 이상설·이준·이위종이 각국 대표들에게 을사늑약의 무효를 선언한 문서. 수신인은 드 보퍼르 네덜란드 수석대표이다.(네덜란드문서보관서 소장)

DIMANCHE 30 JUIN 1907

Courrier de la Conférence

DE LA PAIX

Pourquoi exclure la Corée?

Protestation des Délégués Coréens à La Haye

La Corée dont l'indépendance a été garantie et reconnue par toutes les Puissances en 1884, n'a pas été invitée à la Conférence. Trois Délégués cependant. se sont rendus à La Haye, dûment accrédités par leur Gouvernement, ne serait ce que pour mettre sous les yeux du monde, par un appel aux Délégués des autres peuples, l'état de servitude où ils ont été réduits.

Nous reproduisons ci-dessous le texte du Manifeste qu'ils adressent aux Membres de la Conférence de la Paix, en date du 27 juin 1907.

La Haye le 27 Juin 1907.

Yi Sang Sul, ex-vice premier Ministrè. Yj-Tjoune. ex-juge d'instruction de la Cour Suprême de la justice de la Corée et Yi-Oui-Tjyong ex-Secrétaire de la Légation de Corée à Saint Pétersbourg, Envoyé de Sa Majesté l'Empereur de Corée en qualité de délégué à la conférence de la Paix à La Haye ont l'honneur d'informer

Leurs Excellences

que l'indépendance de notre pays a été garantie et reconnue en 1884 par toutes les puissances. En outre notre indépendance est reconnue jusqu à présent dans vos pays.

En 1905, le 17 Novembre. Yi-Sang-Sul étant-Vice premier Ministré a été témoin des agissements du Japon qui, au mépris de tout droit international et par force armée nous ont contraints à rompre les relations diplomatiques amicales qui existaient entre nos pays respectifs jusqu' à ce jour. En vue de cela je me permets de porter à la connaissance de Leurs Excellences les procédés employés par les Japonais qui, pour arriver à ce résultat, n'ont pas hésité à employer les menaces de violence et à violer les droits et les lois du pays. Pour plus de clarté je diviserai nos griefs en trois cas séparés:

1. Les Japonais ont agi sans le consentement de Sa Majesté l'Empereur.
2. Pour arriver à leur but, les Japonais ont employé contre le Gouvernement Impárial la force armée.
3. Les Japonais ont agi au mépris de toutes les lois et coutumes du pays.

L'impartialité de Leurs Excellences appréciera si les trois §§ ci-dessus ne sont pas une violation directe des Conventions Internationales.

Pouvons-nous comme pays indépendant permettre que la ruse du Japon vienne détruire les relations amicales et diplomatiques qui ont existé juqu' à présent entre nous et les autres pays et devienne une menace constante pour la paix en Extrême-Orient?

Je regrette infinement d'être privé de la possibilité d'assister à la Conférence de La Haye, quoique délégué par S. M. l'Empereur dans ce but, par le fait même de cette violation de nos droits par les Japonais.

Nous joignons à cette lettre un résumé de tous les procédés employés et des actes commis par les Japonais jusqu'au jour de de mon départ et vous prie de bien vouloir porter votre bienveillante attention sur cette question si vitale pour mon pays. Dans le cas où vous auriez besoin de renseignements complémentaires où que vous désiriez vous assurer des pleins pouvoirs qui nous été conférés par Sa Màjesté l'Empereur de Corée veuillez bien nous en informer; nous aurions l'honneur de nous mettre à l'entière disposition de Leurs Excellences.

Vu que les relations diplomatiques entre la Corée et les autres pays n'ont pas été rompues de par la volonté de la Corée elle-même, mais bien par suite de la violation de nos droits par le Japon, nous avons l'honneur de nous adresser à Leurs Excellences en la priant de bien vouloir nous accorder leur bienveillante intervention afin que nous puissions assister à la Conférence de La Haye et y défendre nos droits en exposant les procédés des Japonais.

Veuillez agréer Leurs Excellences avec mes remerciements anticipés, l'assurance de nos très haute consideration.

signé Yi-Sang-Sul.
„ Yj-Tjoune.
„ Yi-Oui-Tjyong.

『평화회의보』에 보도된 「공고사」 기사 (1907. 6. 30.)

헤이그 평화회의장 빈넨호프(Binnenhof)왕궁의 기사홀 당시 모습

헤이그 평화회의장과 빈넨호프 왕궁의 현 모습

헤이그 평화회의 광경

헤이그 평화회의장에 모인 각국 대표들(국립고궁박물관 소장)

특사들은 6월 29일 평화회의의 공식적인 참석을 위해 러시아 대표이며 평화회의의 의장인 넬리도프(A. Nelidov) 백작을 방문하였다. 사전에 이즈볼스키 외상으로부터 접촉을 삼가라는 훈령을 받은 넬리도프는 네덜란드 정부의 초청이 없다는 이유로 특사의 면회 요청을 거절하였다. 6월 30일 평화회의 부의장이며 네덜란드의 전 외무대신 드 보포르와 네덜란드 외무장관 반 고드리안(Van Tets Van Gouddrian)을 방문하였으나 이 역시 거절당했다.[64] 이어 7월 2일 미국의 초에이트(Joseph H. Choate) 수석대표와의 접견을 비롯하여 프랑스, 영국, 독일의 위원들에게도 회의 참석을 위한 협조를 요청했으나 모두 실패하였다.[65] 이처럼 당시 특사들은 평화회의 의장에게 광무황제의 친서와 신임장을 제출하고 대한제국의 대표로서 공식적인 활동을 전개하려 했으나 뜻대로 되지 않았다. 각국 언론들은 특사들의 활동에 동정적이었으나 열강 대표들의 반응은 냉담했다. 더구나 일본은 세 특사의 열정적인 활동에 위기감을 갖고 온갖 방법을 동원하여 방해하였다.

특사들은 열강 대표의 냉담과 일본의 방해 공작에도 굴하지 않고 대한제국의 입장과 일본의 부당성을 호소하였다. 특히 국제협회 회장이자 『평화회의보』 발행인 스테드가 『평화회의보』에 「공고사」의 전문을 게재해 주어 대한제국의 입장을 천명할 수 있었다. 그리고 7월 9일 국제협회의 초청을 받은 이위종이 세계 각국에서 모인 언론인들을 상대로 연설하였다. 그는 유창한 불어로 '한국의 호소(A Plea for Korea)'라는 주제로 연설하였다. 그 중 특히 주목되는 것은 한국인의 각오를 언급한 부분이다.[66]

일본인들은 평화를 부르고 있으나 기관총 앞에서 사람들이 평화로울 수 있는가. 모든 한국인을 죽이거나 일본인이 한국의 독립과 자유를 자기 손아귀에 넣을 때까지는 극동에 평화가 있을 수 없다. 한국인들은 아직 조직화되지 않았다. 그러나 일본의 무자비하고 비인도적인 침략이 종말을 고할 때까지 대항해야 한다는 마음으로 하나가 되고 있다. 일본인들은 항일정신으로 무장된 이천만 한국민을 모두 학살하는 일이 결코 유쾌하지도 쉽지도 않다는 것을 깨닫게 될 것이다.

그는 대한제국의 독립이 국제적으로 얼마나 중요한지에 대해 강조하고 한국이 독립을 유지하면 일본이 아시아대륙으로 진출함으로써 초래되는 지역의 불안정을 막을 수 있다고 역설하였다.[67]

이위종

이위종의 절절한 호소는 각국 언론의 동정을 모았다. 즉석에서 대한제국의 처지를 동정하는 결의안이 만장일치로 채택되었다. 이위종의 감격적인 웅변은 헤이그에서 발행되던 7월 10일자 『헤이그신보(Haagsche Courant)』에 보도되었다. 그는 헤이그에서 임무를 수행하는 동안 극동의 영구 평화를 위해 대한제국의 영세 중립을 주장하였다.

이위종이 '한국의 호소'라는 주제로 연설했던 국제협회 건물
(Princessgracht 6A 소재, 현 Pauw Sanders Zeilstral Spaendonck 회사 건물)

세 특사의 헤이그 평화회의 활동 모습을 상상하며 그린 삽화

헐버트는 7월 10일 저녁에 스테드의 의뢰를 받아 평화클럽(Peace Club)에서 이위종이 하루 전날 국제협회에서 연설했던 내용을 뒷받침하는 취지의 연설을 하였고, 이에 참석자들은 한국민에 대해 깊은 동정심을 나타냈다. 각국 신문들은 매일같이 한국의 사정을 다루어서 일본을 억눌러 물러나게 하고 대한제국을 도우려하는 '억일부한(抑日扶韓)'의 동정 여론을 일으켰다.[68] 그렇지만 열강의 대표들은 공례(公例)를 빙자하여 대한제국의 처지를 공감하지 않았다. 헤이그 특사들이 눈부신 활동을 전개하던 중 이준 열사가 7월 14일 순국하였다.

한편 헐버트는 평화클럽의 저녁 연설 직후 헤이그를 출발해 7월 19일 뉴욕에 도착하였다. 그는 도착 직후 『뉴욕 타임즈』 등 언론을 상대로 을사늑약의 강제성과 불법성, 그리고 일본에 의한 광무황제의 강제 퇴위 조치 등을 강력히 비난했다. 그는 대한제국의 국새는 강탈되었으며 대한제국 황제는 결코 그러한 조약에 서명한 적이 없음을 천명하였다. 그리고 일본이 한국민을 분열시키고 있고 군사적인 필요를 구실로 토지를 강탈하며 아편과 도박으로 한국민을 황폐화시키고 있다고 폭로하였다.[69]

이준의 갑작스런 순국으로 이상설과 이위종은 7월 19일 헤이그를 출발, 영국을 방문해 런던에서 3일간 머물고, 8월 1일 미국 뉴욕에 도착했다. 미국에 체류하는 동안 루즈벨트 대통령에게 친서를 전달하려고 시도하였으며, 주요 도시를 순회하면서 각계각층의 사람들을 만나 강연과 인터뷰 등을 통해 일본의 침략상과 을사늑약의 불법성을 폭로하며 대한제국의 독립을 호소하였다. 그것은 만국평화회의에서 벌인 활동의 연장선이자 국권 회복을 위해 열강을 상대로 펼쳤던 외교 활동이라는 점에서 중요한 역사적 의미가 있다. 특히 미국 등 열강을 상대로 한 이상설·이위종의 순방외교는 을사늑약 이후 대한제국의 관료가 국가를 대표하여 공식적으로 추진했던 최초이자 최후의 외교였다.[70]

헤이그 특사와 함께 유럽순방 구국외교활동을 전개한 윤병구(왼쪽)와 송헌주

특사들이 미국에 체류하는 동안 재미 한인사회의 지도자로 활동 중인 윤병구와 송헌주가 특사 활동에 합류했다. 8월 31일 이상설·이위종·윤병구·송헌주는 다시 헤이그로 가서 뉴 아이큰다우(Niew Eykenduynen) 공동묘지에 이준의 장례를 치렀다. 9월 3일 기자협회에서 윤병구는 '한국의 미래 정치제도'라는 주제 연설에서 한국민에 대한 일본의 탄압과 착취 상황을 고발하였다. 이후 네 사람은 9월 5일 헤이그를 출발하여 파리, 베를린, 로마, 런던, 페테르부르크 등지를 방문하며 구국 순방외교를 펼쳤다.[71] 런던에서 로이터 기자와의 인터뷰에서 이위종은 다음과 같이 말하였다.

우리는 황제의 명을 받아 헤이그 평화회의 뿐만 아니라 유럽과 미국 정부에 파견되었습니다. 우리가 일본으로부터 받는 부당한 대우에 저항하고 무엇보다도 대한제국의 독립을 포기하거나 일본의 보호국화에 동의하지 않을 것임을 알리기 위함입니다. 우리는 임무를 수행하기 전부터 일본이 황제를 퇴위시키고자 하는 의도를 알고 있었습니다. 이러한 조치는 일본의 대한정책에 결코 도움이 되지 않을 것이며, 오히려 우리 국민에게 일본의 진짜 목적 - 즉, 한국에서 일본이 주권을 획득하려는 - 을 보여줄 뿐입니다. 일본 정부는 우리가 열강에게 항의하기 위해 유럽으로 파견되었다는 것을 알았으며, 황제가 폐위되면 우리가 더 이상 임무를 수행하지 못 할 것이라 여겼습니다. 그러나 최근 여러 사건들은 우리에게 중요하지 않습니다. 황제가 우리에게 남긴 마지막 말은, "나에게 마음 쓰지 마라. 비록 내가 죽음을 당하더라도, 계속 일을 진행시켜라. 500년 동안 유지해 온 독립을 되찾고, 이천만 국민들에게 자유를 주어야 한다"는 것이었습니다.[72]

-이위종의 로이터 기자와의 인터뷰 중에서

헤이그 특사로 활동하다 순국한 이준 열사의 기념 묘역. 이준열사의 유해는 1963년 서울 수유리로 이장되었다.

헤이그 드용 호텔에 전시된 이준 열사의 흉상

1907년 9월 장례식 후 설치된 이준 열사의 묘비

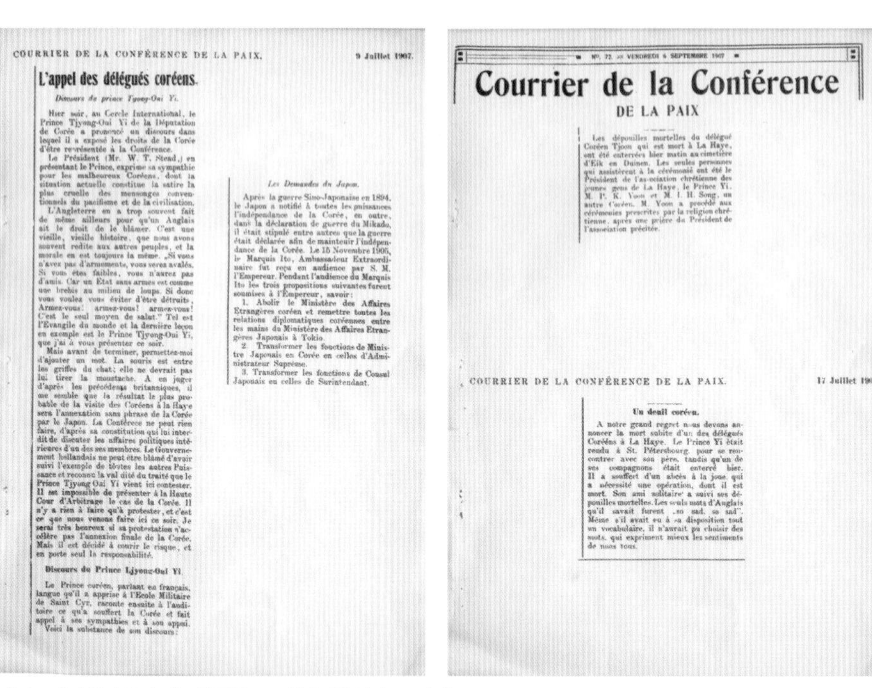

COURRIER DE LA CONFÉRENCE DE LA PAIX. 9 Juillet 1907.

L'appel des délégués coréens.

Discours du prince Tjyong-Oui Yi.

Hier soir, au Cercle International, le Prince Tjyong-Oui Yi de la Députation de Corée a prononcé un discours dans lequel il a exposé les droits de la Corée d'être représentée à la Conférence.

Le Président (Mr. W. T. Stead,) en présentant le Prince, exprime sa sympathie pour les malheureux Coréens, dont la situation actuelle constitue la satire la plus cruelle des mensonges conventionnels du pacifisme et de la civilisation.

L'Angleterre en a trop souvent fait de même ailleurs pour qu'un Anglais ait le droit de le blâmer. C'est une vieille, vieille histoire, que nous avons souvent redite aux autres peuples, et la morale en est toujours la même. „Si vous n'avez pas d'armements, vous serez avalés. Si vous êtes faibles, vous n'aurez pas d'amis. Car un Etat sans armes est comme une brebis au milieu de loups. Si donc vous voulez vous éviter d'être détruits, Armez-vous! armez-vous! armez-vous! C'est le seul moyen de salut." Tel est l'Evangile du monde et la dernière leçon en exemple est le Prince Tjyong-Oui Yi, que j'ai à vous présenter ce soir.

Mais avant de terminer, permettez-moi d'ajouter un mot. La souris est entre les griffes du chat; elle ne devrait pas lui tirer la moustache. A en juger d'après les précédents britanniques, il me semble que le résultat le plus probable de la visite des Coréens à la Haye sera l'annexation sans phrase de la Corée par le Japon. La Conférece ne peut rien faire, d'après sa constitution qui lui interdit de discuter les affaires politiques intérieures d'un des ses membres. Le Gouvernement hollandais ne peut être blâmé d'avoir suivi l'exemple de toutes les autres Puissance et reconnu la validité du traité que le Prince Tjyong Oui Yi vient ici contester. Il est impossible de présenter à la Haute Cour d'Arbitrage le cas de la Corée. Il n'y a rien à faire qu'à protester, et c'est ce que nous venons faire ici ce soir. Je serai très heureux si sa protestation n'accélère pas l'annexion finale de la Corée. Mais il est décidé à courir le risque, et en porte seul la responsabilité.

Discours du Prince Ljyong-Oui Yi.

Le Prince coréen, parlant en français, langue qu'il a apprise à l'Ecole Militaire de Saint Cyr, raconte ensuite à l'auditoire ce qu'a souffert la Corée et fait appel à ses sympathies et à son appui.

Voici la substance de son discours:

Les Demandes du Japon.

Après la guerre Sino-Japonaise en 1894, le Japon a notifié à toutes les puissances l'indépendance de la Corée, en outre, dans la déclaration de guerre du Mikado, il était stipulé entre autres que la guerre était déclarée afin de maintenir l'indépendance de la Corée. Le 15 Novembre 1905, le Marquis Ito, Ambassadeur Extraordinaire fut reçu en audience par S. M. l'Empereur. Pendant l'audience du Marquis Ito les trois propositions suivantes furent soumises à l'Empereur, savoir:

1. Abolir le Ministère des Affaires Etrangères coréen et remettre toutes les relations diplomatiques coréennes entre les mains du Ministère des Affaires Etrangères Japonais à Tokio.
2. Transformer les fonctions de Ministre Japonais en Corée en celles d'Administrateur Suprême.
3. Transformer les fonctions de Consul Japonais en celles de Surintendant.

N°. 72. VENDREDI 6 SEPTEMBRE 1907

Courrier de la Conférence
DE LA PAIX

Les dépouilles mortelles du délégué Coréen Tjoon qui est mort à La Haye, ont été enterrées hier matin au cimetière d'Eik en Duinen. Les seules personnes qui assistèrent à la cérémonie ont été le Président de l'association chrétienne des jeunes gens de La Haye, le Prince Yi, M. P. K. Yoon et M. I. H. Song, un autre Coréen. M. Yoon a procédé aux cérémonies prescrites par la religion chrétienne, après une prière du Président de l'association précitée.

COURRIER DE LA CONFÉRENCE DE LA PAIX. 17 Juillet 1907.

Un deuil coréen.

A notre grand regret nous devons annoncer la mort subite d'un des délégués Coréens à La Haye. Le Prince Yi était rendu à St. Pétersbourg, pour se rencontrer avec son père, tandis qu'un de ses compagnons était enterré hier. Il a souffert d'un abcès à la joue qui a nécessité une opération, dont il est mort. Son ami solitaire a suivi ses dépouilles mortelles. Les seuls mots d'Anglais qu'il savait furent „so sad, so sad". Même s'il avait eu à sa disposition tout un vocabulaire, il n'aurait pu choisir des mots, qui expriment mieux les sentiments de nous tous.

헤이그에서 특사들의 외교활동을 보도한 『평화회의보』 기사
(1907. 7. 9 / 7. 17 / 9. 6)

이위종은 애초부터 예상되었던 고종의 강제 퇴위에 얽매이지 않았다. 고종의 강제 퇴위는 특사단의 날개를 꺾고자 하는 일본의 책략이라고 주장했다. 그는 "왜 한국은 미국에 협조를 요구하는 것인가?"라는 미국 기자의 질문에 대해 영국은 지나치게 사욕을 부리는데다가 일본인의 정체를 꿰뚫어보지 못하고 있고 하였다. 반면 "미국은 한국에게 친구로 여겨지고 있기 때문이다. 이 나라는 옛날부터 이기심이 없었다. 한국인은 이 나라가 사욕을 부리지는 않을 것이라고 생각하고 있다. 독립을 위해 싸운 주가 13개밖에 없었던 때 프랑스가 미국을 위해 했던 것처럼 미국

THE IMPERIAL
KOREAN FOREIGN OFFICE.
MINISTÈRE DES AFFAIRES ÉTRANGÈRES
DE L'EMPIRE DE CORÉE.

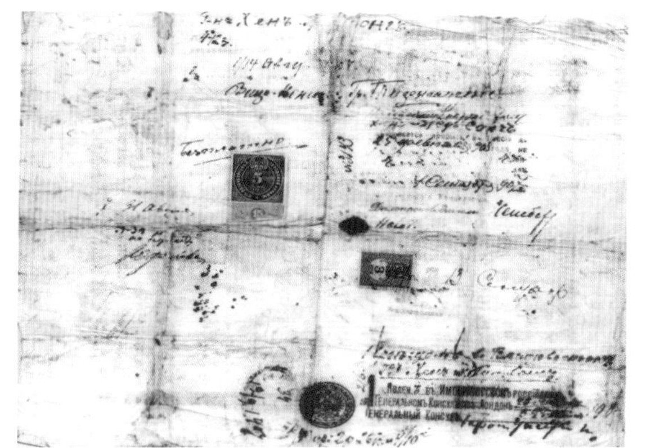

유럽순방 구국외교활동을 벌인 송헌주의 여권

여권 뒷면에는 유럽 각지를 순방하며 활동했음을 보여주는 각국 직인이 찍혀 있다.

이 한국을 위해 해 주기를 바라는 것이다"라고 자신의 미국관을 피력하였다.[73] 한국은 미국을 이기심도 없고 사욕을 부리지 않는 '친구'처럼 생각하고 있기 때문에 독립전쟁 당시 프랑스가 미국을 도와주었듯이 미국이 한국을 도와주기를 기대한다는 것이었다.

한편 『뉴욕 타임스』는 대한제국의 특사가 우선 루즈벨트 대통령을 만나 자신들의 입장을 밝히고 대도시를 돌면서 미국 국민들의 공감을 얻으려고 노력할 예정이라 전하면서 한인들은 "자신들이 요구하는 것은 정치적 원조이지 금전적 원조가 아니라는 점을 이해해주기를 바란다"고 보도하였다.[74]

1908년 2월 이상설·윤병구·송헌주는 미국으로 돌아가고 이위종은 러시아로 향함으로써 헤이그 특사의 구국외교 활동은 공식으로 종료되었다.

이상설은 미국에 체류하는 동안 미주 지역 한인사회의 통합과 독립운동의 전기를 마련하는 데 힘쓰다 1909년 4월 미국을 출발하여 7월 연해주 블라디보스토크로 갔다. 그는 이승희(李承熙)와 함께 러·청 국경 부근의 길림성 봉밀산(蜂蜜山, 펑미산) 지역에 토지를 매입해 독립운동 전진기지인 한흥동(韓興洞)을 건설하였다. 1910년 6월에는 연해주와 간도 일대의 의병세력을 통합하기 위해 유인석(柳麟錫)·이범윤(李範允)·이남기(李南基) 등과 연해주의 재피거우(현 바라바쉬 인근)에 13도의군(十三道義軍)을 편성하였다.

그는 또한 광무황제에게 밀서를 보내 블라디보스토크로 건너와 망명정부를 세워 독립운동을 이끌어 줄 것을 요청하였다. 이러한 망명정부 수립 운동은 이후에도 지속되었다. 1910년 8월 블라디보스토크의의 신한촌(新韓村)에서 독립운동 단체인 성명회(聲明會)를 조직하고 각국 정부를 상대로 병탄조약의 무효를 선언하였다. 당시 선언문에는 824명의 방대한 서명록을 첨부해 독립의 의지를 만방에 알렸다. 그러나 일본의 항의를 받은 러시아가 한인들을 탄압해 성명회는 와해되었다.

1911년 9월 이상설은 블라디보스토크에서 권업회(勸業會)를 조직해 기관지 『권업신문』을 발행하고 학교를 설립하여 민족의식을 고취시키는 등 독립군 기지 개척을 주도하였다. 그 후 1914년 국내외 모든 독립운동 단체를 이끌 목적으로 대한광복군정부(大韓光復軍政府)를 수립하였으나 제1차 세계대전 발발 직후 일제의 사주를 받은 러시아의 탄압을 받아 모든 활동이 무산되었다.

1915년 3월 상하이로 건너간 이상설은 박은식(朴殷植)·신규식(申圭植) 등과 신한혁명당(新韓革命黨)을 조직하였다. 신한혁명당은 제1차 세계대전에서 독일이 승리할 경우를 대비하여 항일 독립전쟁을 주도할 목적으로 조직된 독립운동 단체였다. 신한혁명당의 당수로 강제 퇴위당한 광무황제를 추대하였는데 이는 광무황제를 구심점으로 하는 공고한 망명정부를 건설하려는 이상설의 평소 지론 때문이었다. 그러나 1915년 7월 신한혁명당 외교부장 성낙형(成樂馨)이 광무황제와 알현하기 직전 일본에 의해 계획이 발각되어 전원 체포됨으로써 실패로 끝났다. 이상설은 1917년 3월 2일 러시아 니콜리스크에서 47세의 나이로 순국하였다.[75]

이위종은 1908년 2월 러시아로 돌아간 후 부친 이범진과 함께 연해주를 중심으로 의병 활동을 추진했다. 동년 5월 항일 의병운동을 전개하기 위해 연해주 일대 이주 한인들의 민족정신 배양, 결속 도모, 환난 구제 등을 표방하며 동의회(同義會)를 결성하였다. 1911년 1월 이범진의 자결 이후 1916년 러시아 군사학교에 입학한 후 러시아 군대에 복무하였고 러시아 혁명세력에 가담해 1919년 한인 적군부대의 사령관으로서 이르쿠츠크 지역에서 일본 점령군을 상대로 항일투쟁을 전개하였다.

한편 일제는 대한제국의 헤이그 평화회의 특사 파견을 빌미로 삼아 광무황제를 강제 퇴위시키고 정미7조약, 신문지법, 보안법 등을 공포하여 대한제국의 주권을 장악했다. 이어서 1907년 8월 대한제국의 군대를 해산시키고 간도에 임시파출소를 개설하는 등 대한제국의 병탄에 착수했다.

그렇다면 러일전쟁 시기부터 제2차 헤이그 평화회의에 이르기까지 일관되게 일본의 한반도 강점을 규탄하며 대한제국의 자주 독립을 지원할 것을 공언한 러시아가 왜 헤이그 평화회의 개최에 즈음하여 친일 유화책으로 급선회하며 대한제국의 특사를 배제시켰던 것일까? 대내적인 요인도 있겠지만 그것은 당시 대외적인 국제관계의 변화와 깊게 연계되어 있었다. 특히 4국 앙탕트와 독·미·청 동맹의 국제관계에 주목할 필요가 있다. 그렇다면 헤이그 평화회의와 대한제국 특사 파견이 이런 국제관계의 변화와 어떤 상관성을 갖고 있는 것일까?

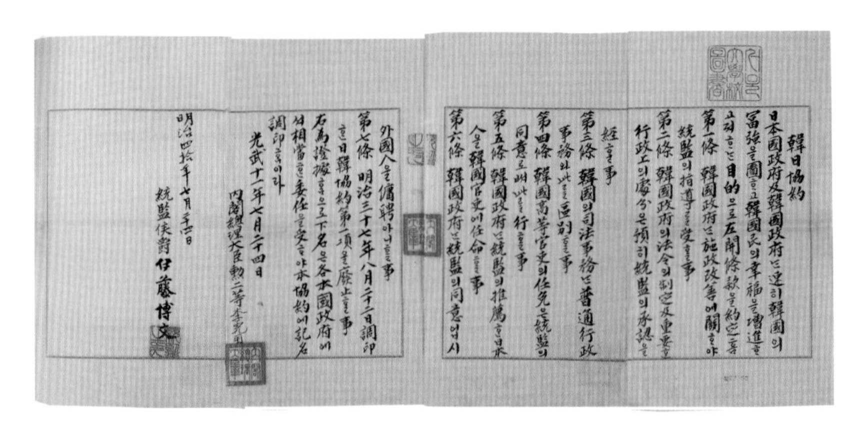
韓日協約
日本國政府及韓國政府ᄂᆞᆫ 速히 韓國의 富强을 圖ᄒᆞ고 韓國民의 幸福을 增進ᄒᆞ고져ᄒᆞᄂᆞᆫ 目的으로 左開條款을 約定홈
第一條 韓國政府ᄂᆞᆫ 施政改善에 關ᄒᆞ야 統監의 指導를 受ᄒᆞᆯ事
第二條 韓國政府의 法令의 制定及重要ᄒᆞᆫ 行政上의 處分은 預히 統監의 承認을 經ᄒᆞᆯ事
第三條 韓國의 司法事務ᄂᆞᆫ 普通行政事務와 此를 區別ᄒᆞᆯ事
第四條 韓國高等官吏의 任免은 統監의 同意로ᄡᅥ 此를 行ᄒᆞᆯ事
第五條 韓國政府ᄂᆞᆫ 統監의 推薦ᄒᆞᆫ 日本人을 韓國官吏에 任命ᄒᆞᆯ事
第六條 韓國政府ᄂᆞᆫ 統監의 同意업시 外國人을 傭聘아니ᄒᆞᆯ事
第七條 明治三十七年八月二十二日調印ᄒᆞᆫ 日韓協約第一項을 廢止ᄒᆞᆯ事
右爲證據ᄒᆞ야 下名은 各本國政府에셔 相當ᄒᆞᆫ 委任을 受ᄒᆞ야 本協約에 記名調印ᄒᆞᆷ이라
光武十一年七月二十四日
內閣總理大臣勳二等 李完用
明治四拾年七月二十四日
統監侯爵 伊藤博文

정미7조약 1907년 7월 24일 일본의 강압으로 체결되었고 이 조약으로 통감에 의한 차관정치가 실시되어 대한제국의 자주권은 일본에 의해 완전히 장악되었다.

4. 한반도의 4국 앙탕트 체제의 형성과 헤이그 특사 파견의 여파

러일전쟁이 끝났음에도 불구하고 동북아시아에는 제2차 러일전쟁의 가능성이 상존하였고 만한(滿韓) 문제를 둘러싼 이권 쟁탈전도 계속되었다. 그것은 문호개방의 대변자를 자처하던 일본이 대한제국을 강제로 보호국화한 데 이어서 간도를 비롯한 남만주를 세력권화 하려는 야욕을 노골화하였기 때문이었다. 특히 일본의 만주 선점 조치에 대해 1906년 3월 일본 주재 영국공사 클로드 맥도날드(C. MacDonald)와 미국대리공사 헌팅톤 윌슨(H. Wilson)은 강력히 항의하였다. 영미의 움직임에 대해 통감 이토 히로부미는 만주 문제가 한반도에 파급될 것을 우려하여 만주문제협의회를 소집하는 한편, 러시아에 접근하여 외교적 해결책을 강구하였다. 이 같은 이토의 조치는 전후 만주의 세력 범위를 재획정(再劃定)하려는 것으로 향후 러·일 교섭에 있어서 만한 문제와 간도 문제는 당연히 연계될 수밖에 없었다.

그런데 독일 또한 일본의 선제조치를 방관하지 않았다. 당시 독일은 모로코 사건으로 유럽에서 영불의 포위망 정책에 빠져있었고, 극동에서는 영국, 러시아, 프

만주와 한반도를 둘러싸고 러일 간의 각축을 풍자한 삽화

랑스, 일본의 4국 앙탕트라는 새로운 상황에 직면하고 있었다. 더구나 영국과 러시아에서는 에드워드 그레이(Edward Grey)와 알렉산드르 이즈볼스키가 자국의 외상에 취임한 후 영·러·일의 관계가 개선되는 분위기였다. 독일은 이런 상황을 탈피하기 위해 노심초사하였다. 러일전쟁 후 일본의 만주 야욕은 독·미·청 3국의 반일(反日) 정서를 이용해 상호 제휴조건을 찾아낼 수 있었고 이 호기를 독일 카이저는 1907년에 들어서 4국 앙탕트의 포위에 대응해 독·미·청 3국 간의 동맹 제휴를 타진하였다.[76]

국제관계의 변화는 유럽에서 독일에 대한 견제와 거의 동시에 한국 문제에도 반영되었다. 러시아가 국제사회에 공론화하려고 했던 을사늑약의 부당성과 대한제국의 지위 문제를 스스로 철회하는 외교 조치를 취한 것이다. 재론하지만 1907년 6월 29일 러시아의 넬리도프 평화회의 의장이 헤이그 특사들과의 면담을 거부한 것은 바로 이 같은 4국 앙탕트의 국제관계의 변화에서 기인한 것이었다.[77]

4국 앙탕트에 힘입은 일본 정부는 1907년 7월 10일 원로회의에서 마츠카다 마사요시(松方正義), 이노우에 가오루(井上馨), 오야마 이야오(大山巖)의 주장을 받아 대한제국 내정의 장악과 실행을 이토 히로부미에게 일임한다는 대한 방침을 결의하였다. 이어 7월 19일 고종의 퇴위조칙을 발표하였고, 23일 내각회의에서 러일협약의 최종안에 한국 조항을 포함할 것을 결정하였다. 7월 24일에는 제3차 한일협약(정미7조약)을 체결하였다. 하지만 일본은 러일협약을 체결하고 정미7조약을 체결하였음에도 불구하고 대한제국의 보호권 이상의 조치를 취할 수 없었다. 이유는 러시아가 일본의 보호권 이상의 행위를 용납하거나 승인하지 않았기 때문이다. 그것은 당시 러·일 교섭에서 러시아가 일본의 한반도 병합을 무보수로는 승인하지 않겠다는 방침을 분명히 하고 있었기 때문이다.[78]

다른 한편 4국 앙탕트에 일본의 제휴는 독일·미국과 중국의 우려를 증폭시켰다.[79] 일본의 4국 앙탕트 참가는 반독 진영에 참가하는 것이므로 독일을 자극하는 일이었다. 루즈벨트 대통령도 일본의 만한 진출이 미국의 문호개방정책에 장애가 되기 때문에 일본을 견제하고 있었다. 중국도 4국 앙탕트가 중국 분할의 사전조치라는 의혹을 갖고 있었고, 특히 남만주와 북만주의 상호 영향력을 인정한 제1차 러일협약은 이러한 의구심을 확실하게 만들었다. 따라서 4국 앙탕트는 독·미·청 3국이 일본을 견제하는 연대조건이 될 수 있었다. 실제로 독일 빌헬름 카이저에 의해 독·미·청의 동맹 구상이 본격적으로 가동된 것은 1907년 6월 불일(佛日)협약이 체결된 지 1개월도 되지 않은 7월 초였다. 베이징 주재 독일 공사 렉스(Count Graf von Rex)는 7월 4일자 전문을 통해 일본·영국·프랑스 3국간에 앙탕트가 예상되기 때문에 독일은 극동에서 미국·러시아와 결속할 필요가 있고 이것은 영·불·일의 위압으로부터 중국을 해방시킬 것으로 보고하였다.

미국과 동맹 가능성을 타진한 원세개

러일협약(1907. 7. 30)이 체결됨에 따라 카이저는 9월 16일 미국 주재 독일 대사 슈테른부르그(Baron Speck von Sternburg)에게 러시아를 제외한 독·미·청의 동맹에 대한 미국의 의향을 타진토록 하였다. 1907년 10월 17일 슈테른부르그는 뷸로우(Bülow) 재상으로부터 청국 외무부 상서(尙書) 겸 군기대신 원세개(袁世

凱, 위안스카이) 가 미국과 독일 주재 청국 공사들에게 미·청간의 동맹 가능성을 타진할 것이라는 소식을 받았다. 그런 후 미 국무성을 향해 독일은 미국 및 청국과 행동을 같이 할 의사가 있으며 일본에 대항해 중국의 독립과 영토 보전, 그리고 문호 개방을 지지할 의사가 있음을 통보하였다.

독·미·청의 동맹관계 논의가 대한제국 헤이그 특사활동에 대한 일본의 강경한 후속조치와 간도 임시파출소의 설치를 기도할 즈음에 제기되었다는 것은 향후 일본의 한반도 보호국화의 강화와 만주 진출 과정에 직간접적인 영향을 미쳤음을 의미한다. 아울러 독·미·청의 동맹 논의가 러일전쟁 이후 일본의 만한 진출 계획에 불리하게 작동하였음을 엿볼 수 있다. 1907년 9월 9일 슈테른부르그가 루즈벨트를 만난 후 본국에 발송한 보고서에 따르면, 당시 루즈벨트는 일본과의 위험을 충분히 감지하고 있었고, 만약의 사태에 대비하여 독일과의 협조 가능성을 시사하였다. 이 같은 미국의 대독 유화 제스처는 계속되었고 11월초 독일 대사가 재차 루즈벨트 대통령을 만났을 때 루즈벨트는 "나는 중국의 영토 보존에 관한 일본의 선언을 믿을 수 없으며, 일본은 러시아, 프랑스, 영국과 협상을 체결하여 중국을 분할할 의도를 가지고 있다고 생각한다. 만약에 이러한 사태가 일어날 경우 나는 일본에 대항하여 독일 함대와 협조할 수 있을 것이다" 라는 강경한 태도를 표명할 정도였다.

미·독의 협조 분위기는 미·일 관계가 냉랭했던 1908년 가을 청국이 독·미·청 간의 동맹 교섭을 위해 당소의(唐紹儀)를 미국에 파견하는 시점까지 이어졌다. 그러나 1908년 11월 30일 중국의 영토 보전과 상업상의 기회 균등을 보장하는 태평양 방면에 관한 루트-다카히라(Root-高平) 협정이 체결되고, 그해 말 서태후의 죽음과 원세개의 실각으로 일단 저지되었다. 그것은 독·미·청의 동맹 기도가 반일정책의 일환으로 취한 청국의 이이제이 정책과 결부되어 있었지만 성사를 좌우한 것은 미

국의 진퇴 여부에 있었기 때문이다.[80]

1908년 말과 1909년 초 일본의 정책 당로자들은 만주에 대한 열강의 간섭이 현실화될 경우 만주에 국한되지 않고 보호국인 대한제국에까지 그 영향이 미칠 것을 심각히 우려하였다. 또한 독·미·청의 동맹이 가시화될 경우 영일동맹이 상대적으로 약화될 것도 예측하였다. 따라서 일본으로서는 만한 정책에 대한 근본적인 재검토와 자구책을 총체적으로 강구할 수밖에 없었다. 그 방침은 1909년 3월 말부터 5월 중순에 걸쳐 실천된 3가지 방향으로 귀결되었다.

첫째, 일본의 한반도 병탄을 위한 사전조치를 서두르기 위한 실질적인 선행조치였다. 1909년 3월 말 고무라 외상은 가쓰라 수상에게 대한제국의 병탄 방안을 건의하였고, 4월 10일 이토 히로부미 통감은 가쓰라, 고무라와 함께 병탄 방안에 동의하였다.

둘째, 만주 문제의 해결을 위해 청과 만주 문제 교섭을 위한 후속조치를 취했다. 4월 29일 야마가타 아리토모가 '제2 대청정책'을 작성하여, 가쓰라, 고무라, 데라우치에게 송부한 것이 바로 그것이다.

셋째, 미·독의 개입을 견제하고 대러 접근을 시도하기 위한 영일동맹 결속력의 강화였다. 1909년 5월 13일 이토 히로부미와 맥도널드의 회담 및 가쓰라와 맥도널드의 회견은 영일동맹 강화를 위한 일본 정부의 시도였다.[81] 이와 같은 일련의 조치들은 일본의 대한제국 병탄의 단초가 되었다.

일본의 만주진출 야욕을 보여준 간도 일본총영사관

헤이그 특사외교의 역사적 의의

광무황제의 헤이그 특사외교는 한러외교의 채널이 가동되고 있었다는 점에서 전통적인 이이제이 외교 즉, 인아거일(引俄拒日)의 연장선상에서 취해진 조치였다. 그것은 조선이 개항초기 조선책략적 외교에서 전환하여 러시아와 외교관계를 수립한 데서 비롯되었다. 이후 청일전쟁으로 한반도 침탈 위기를 겪은 고종은 대한제국의 수립을 계기로 강화된 황제권을 바탕으로 한반도 위기관리를 위한 외교의 다변화를 시도하였다. 그것은 제국주의 열강과의 수교를 통해 형성된 통상조약체제와 새로이 대두된 중재조약체계를 중심으로 한 국제법체계의 적절한 수용을 통해 대한제국의 독립과 자주권을 보장받기 위한 것이었다. 특사외교는 구미열강의 중재와 개입을 통해 국권을 유지하려 한 대한제국 최대의 공식적인 국제외교활동이었다.

당시 대한제국의 특사들은 대내외적으로 불리한 조건에서도 국제정세의 변화를 직시하고 민첩하게 대응하였다. 그들은 헤이그에 도착한 후 특사의 자격으로 당당하게 활동했다. 비록 초기에 공식적인 대표 자격을 인정받지 못해 어려움이 적지 않았으나 특사들은 언론을 상대로 적극 활동하여 세계 여론의 주목을 받았다. 특히 국제협회에서 대한제국이 자주독립 국가임을 천명하며 일본의 불법적이고 강압적인 한국 지배를 강력히 규탄하였다. 그리고 한국 문제가 장차 아시아에서 열강의 이해관계에 악영향을 끼칠 것이므로 일본을 견제해야 한다고 주장했다.

특사의 외교활동은 헤이그 평화회의로 끝나지 않고 이후 구미 순방외교로 지속되었다. 이를 통해 일본이 대한제국의 자주권과 독립을 짓밟고 있다는 점을 명확히 하였다. 헐버트의 전기(*Hulbert's History of Korea*)에 따르면 "당시 광무황제와 이상설, 이준, 이위종은 멸망하는 국가를 위하여 최선의 노력을 다하였고, 더 말할 여지도 없이 훌륭한 솜씨로 임무를 수행하였다"고 평가하였다.[82] 대한제국의 실정을 전 세계에 알리고 일본의 불법적인 침략 행위를 국제법에 호소한 특사들의 외교활동은 비록 일본의 보호국화와 병탄의 시도를 끝내 저지하지 못하였지만 역사적으로 의미 있는 국권수호운동이었다.

특사들의 활동은 해외독립운동의 기반을 모색했다는 점에서 국내외 독립운동에 끼친 영향은 매우 컸다. 헤이그 특사 사건을 구실로 광무황제가 강제 퇴위되고 정미7조약의 체결과 군대 해산으로 대한제국이 급격히 쇄락하였지만 국외 한인들은 독립운동 세력들을 규합해 나갔다. 당시 만주, 러시아, 미주지역의 한인들이 단합을 시도한 계기는 헤이그 평화회의에서 이준의 죽음 이후 이상설·이위종을 중심으로 한 독립운동의 진영이 재편되었기 때문이었다.

특히 이준의 죽음은 자주와 독립의지의 표상으로 승화되었고 그의 순국은 국외 한인사회에 애국적 감성을 자극해 의열투쟁의 민족의식을 형성시키는 기폭제가 되었다. 헤이그 특사외교를 계기로 미주를 거쳐 러시아에 거점을 마련한 이상설·이위종을 중심으로 형성된 항일연대전선은 제1차 세계대전 전까지 미국·만주·연해주 등지에서 독립항쟁의 원동력이 되었다. 헤이그 특사외교를 중심축으로 형성된 인적 네트워크는 한국 근대 민족운동의 중요한 계보로 발전하였으며 이후 독립운동에 커다란 영향을 미쳤다.

국제관계적 시각에서 보면 헤이그 특사파견은 대한제국의 전쟁 방지와 자주 독립을 지키기 위한 위기관리 외교의 완결편이었다. 청일전쟁과 러일전쟁은 전쟁 당사국들 뿐만 아니라 구미 제국주의 열강의 이해관계가 깊이 개입되어 있었다. 두 차례에 걸친 한반도 전쟁은 한국문제 뿐만 아니라 만주/중국문제와 맞물려 동아시아 규모 나아가 세계 규모의 전쟁(worldwide wars)으로 비화될 가능성이 있었다. 그것은 청일전쟁에서 한반도를 둘러싼 무력충돌이 만주와 중국 본토, 대만까지 확산되었고, 러·독·불 3국이 삼국간섭(1895)을 통해 개입한 선례가 있었기 때문이다. 또한 러일전쟁에서는 러시아가 러불동맹, 일본이 영일동맹 체제를 구축하여 외교적 배수진을 치고 있었다. 여기에 독일까지 개입한다면 한반도전쟁이 유럽전쟁으로까지 확대될 수도 있었다. 따라서 당시 영국과 프랑스 뿐만 아니라 미국까지도 러일전쟁이 지역전쟁으로 국한되기를 바랐고 결국 영불협상(1904)을 통해 러일간의 전쟁으로 한정되었다. 이처럼 1세기 전에 한반도를 둘러싼 청일, 러일 전쟁의 발발과 파급효과는 주변의 타자들이 그 영향을 심각하게 고려하고 대처하였을 만큼 지전략적 영향은 전 지구적 규모로 결정적인 것이었다.[83]

1세기전 한반도의 전쟁 위기관리, 즉 평화/안정의 유지를 위한 문제는 분쟁 당사국의 문제인 동시에 국제적/세계적인 이슈가 될 수밖에 없었다. 특히 1885년의 거문도사건으로 유라시아를 둘러싼 영러대립이 극동의 한반도까지 확산된 이후 한반도의 지정학적 가치는 해양력의 중요한 교두보로서의 인식 전환과 더불어 긴장과 위기의 충돌가능 지역으로 인식되었다. 더구나 청일, 러일의 전쟁에서 새로 등장한 신형 전함의 출현과 전투 능력은 한반도를 중심한 해양력의 재배치를 초래할 만큼 중요한 것이었다.

한반도 해역은 구미 제국주의 열강과 청·일의 해군력이 상호 각축을 벌이는 바다로 변했고 해양 패권을 장악하기 위한 교두보가 되었다. 한반도를 중심한 동북아시아는 20세기 초 제국주의 열강의 세력판도를 결정하는 비유럽적인 중심축으로 작동하며 전 지구적인 국제 질서에 영향을 미치고 있었다. 일례로 제1차 영일동맹(1902)은 일본으로 하여금 러일전쟁을 도발하게 작동하였고, 러일전쟁은 영불의 앙탕트를 조성하여 영불협상을 가능케 하였던 점을 보더라도 당시 동서의 관계가 얼마나 상호 밀접하게 작동되고 있었던 가를 알 수 있다. 왜냐하면 이 두 사례는 그 결성 배경으로서 한반도 전쟁이라는 구성요소를 공통적으로 가지고 있었기 때문이다.

1907년 대한제국의 헤이그 특사파견을 주목해야 하는 것은 바로 그 역사적 배경이 된 러일전쟁이 전쟁의 발발 뿐 만 아니라 그것의 폭력성, 불법성, 침략성과 연계된 일본의 보호국화/식민지화 조치와 군사적 행위에 대한 대한제국의 적극적인 외교 대응의 일환이라는 점이다. 재론하지만 당시 대한제국은 한반도의 러일전쟁 위기를 방관하지도 않았고 전쟁 재발 방지를 위해 다각적인 외교적 선행조치를 취해 제1차 헤이그 평화회의에서 논의된 국제분쟁의 평화적 정착을 위한 협정, 지상전법규와 관례에 관한 조약, 1864년 제네바협정(적십자조약)의 원칙을 해전에 적용하는 조약에 추가 가입을 추진하였다.

대한제국은 1903년 2월 들어 『제국신문』에서, 5월 들어 『황성신문』과 6월 초 알렌 공사와의 면담에서, 7월초 주일한국공사 고영희(高永喜)의 전문 등을 통해 전쟁 발발의 가능성을 인지하고 있었다. 따라서 8월 초 대한제국과 러시아 간에 용암포 조차 협약체결 사실이 국내 외교가에 알려진 이후부터 10월에 걸쳐 한반도의 전쟁 방지를 위한 조치를 취하고 있었다. 예컨대 한반도 전시 중립의 사전보장을 위한 전시국외 중립화 시도, 경의철도 부설권 관련조치, 압록강변 개방 기도와 용암포 조차 교섭재개 등이 그것이었다. 이와 같은 일련의 외교 조치들은 전쟁위기를 감지한 대한제국의 이이제이식 견제와 균형을 모색한 대응책이었다.[84]

대한제국의 한반도 위기관리 과정을 살펴보면, 일본의 군사적 침략에 대비하여 한반도의 긴장완화와 전쟁 재발방지를 위해 다각적이고 전방위적인 조치가 취해지고 있었음이 확인된다. 하지만 대한제국의 위기관리 조치가 일본의 불법적이고 강압적인 군사적 침탈로 보호국화의 지경에 빠지자 쇠락하는 대한제국의 독립과 자주권을 보호하고 일본의 불법적인 침략행위를 국제법에 호소한 것이 바로 헤이그 특사파견이었다. 그것은 열강과 통상수교하고 중립화 시도와 전시 중립까지 선포한 대한제국을 군사적으로 불법 침략하여 전쟁터로 만들고, 전쟁이 끝났음에도 군사적 위압과 강점을 지속한 일본의 행위를 국제법적으로 대응하기 위함이었다. 또한 대내외적으로 불리한 국제정세의 변화를 정확히 읽고 일본의 보호국화 조치에 대항한 대한제국의 위기관리 외교의 최종적인 조치였다. 비록 일본의 보호국화를 저지하지 못 했지만 헤이그 특사외교를 높이 평가해야 하는 것은 바로 이런 연유 때문이다.

마지막으로 국제법적 시각에서 보면 헤이그 특사외교는 만주 독점을 기도한 일본에 대해 국제적인 중재와 개입을 초래하는 데 영향을 주었다. 주지하다시피 일본은 헤이그 특사사건 이후 대한제국 군대의 해산과 동시에 간도 침탈을 개시하였다. 하지만 당시 일본의 간도 침탈은 일본의 정책 당로자들에게 새로운 열강의 개입에 의한 만주판 삼국간섭의 의구심을 불러일으킬 만큼 심각한 문제였다. 실제로 1909년 청일 간의 간도문제 처리 과정에서 청국은 1907년 대한제국의 헤이그 평화회의 특사외교가 목표했던 열강의 중재와 개입 요구 조치를 취하고 있었다. 1909년 3월 22일 청국이 일본에게 간도문제를 비롯한 만주 현안을 헤이그 중재재판에 회부한다는 통보조치가 바로 그것이다[85]. 중국의 중재재판 회부 통보조치는 대한제국의 헤이그 특사파견 조치와 마찬가지로 간도문제와 만주문제를 청일 간의 사안을 넘어 국제문제로 이슈화하기 위한 것으로, 일본에게는 청일전쟁 이후 삼국간섭과 견줄만한 외교적 위기로 발전할 가능성이 있는 것이었다.

1908년 말과 1909년 초 대러 접근을 시도한 이토 히로부미는 바로 이점을 우려하고 있었다. 아울러 대영 접근을 주도한 하야시 다다쓰(林董)와 고무라 쥬타로도 구미 열강의 개입 즉, 독·미·청의 삼국동맹이 가시화할 경우 4국 앙탕트의 중심축인 영일동맹이 위협이 될 것임을 우려하였다. 따라서 일본은 러일전쟁 이후 한반도와 만주를 향한 침략정책에 대한 근본적인 재검토와 총체적인 자구책을 강구할 수밖에 없었다. 이로서 청일 간의 간도문제가 본격화될 수밖에 없었고 그것은 일본의 대한제국 강제 병합의 단초가 되었다.[86]

헤이그 평화회의 특사외교와 간도 침탈의 국제관계를 재구성하는 것은 일본의 한국 보호국화와 강제 병합문제가 동아시아의 지역문제에 그치지 않고 전쟁과 평화의 국제문제이자 세계사적 의미를 고찰하는 과제로 볼 수 있다.

[주]

1 만국평화회의(萬國平和會議), 헤이그 평화회의 또는 헤이그회담(Hague Conventions)이라고 명명한다.

2 100주년 학술대회의 성과물로는 독립기념관 한국독립운동사 연구소, 『헤이그 특사와 한국 독립운동』(새미, 2007); 김지영 외, 『1907년 세계평화회의의 특사의 구국활동 재조명』(일성 이준열사 기념사업회, 2007); 고려사학회, 「특집: 1907년 헤이그 평화회의와 대한제국, 그리고 열강」(『한국사학보』 30, 2008) 등이 참조된다.

3 J. A. White, *Transition to Global Rivalry-Alliance Diplomacy and the Quadruple Entente, 1895~1907*, Cambridge, 1995; 김원수, 「4국 협조체제와 간도협약의 국제관계, 1907~1909」, 『동북아역사논총』 26, 동북아역사재단, 2009.

4 *The Japan Weekly Mail*, October 24, 1896; *The Morning Call*, January 21, 1895; *The Times*, August 20, 1895, "The Korean Problem".

5 최문형, 『러시아의 남하와 일본의 한국침략』, 지식산업사, 2007, 115~157쪽.

6 노명식, 『21세기 한반도의 세계사적 전망-세계화론: 아메리카제국론: 통일한반도』, 책과함께, 2013, 323~330쪽.

7 장팅푸 지음, 김기주 · 김원수 옮김, 『청일한 외교관계사』, 민족문화사, 1991, 129~136쪽.

8 A. L. Popov and S. R. Diamant, ed., "First step of Russian Imperialism in the Far East, 1888~1903" from *Krasny Archiv*, Vol. LII, pp.54~124, *Chinese Social and Political Science Review*, Vol. XVIII, No.2, July 1934, p.238.

9 김원수, 「그레이트 게임(the Great Game)과 한러관계의 지정학」, 『서양사학연구』 30, 한국서양문화사학회, 2014, 45~47쪽.

10 "Russian Documents relating to Sino-Japanese War 1894~1895" from *Krasny Archiv*, VOL.L-LI, pp.3~63. *Chinese Social and Political Science Review*, Vol. XVIII. No.3, Oct. 1933, June 13/25 No.21; 田保橋潔,『近代日鮮關係の硏究』, 原書房, 昭和54年, p.198.

11 外務省編, 『日本外交年表並主要文書1840~1945』(上), 東京:原書房, 昭和六十三年, "對英談判終了に付青木公使報告", 152~154쪽, 160~161쪽.

12 김원수, 「영 · 로의 대일간섭과 청일개전-공동철병 문제를 중심으로」, 『논문집』 25, 서울교육대학교, 1992, 236~243쪽.

13 "Russian Documents relating to Sino-Japanese War 1894~1895" from *Krasny Archiv*. VOL.L-LI, pp.249, 252~254, 268, 271; 박영재, 「청일전쟁과 일본외교」, 『역사학보』 53 · 54합집, 역사학회, 1972, 172쪽.

14 김원수, 「청일전쟁 및 삼국간섭과 러시아의 대한정책」, 한국사연구협의회, 『한로관계 100년사』, 1984, 46~49쪽, 151~153쪽.

15 김원수, 「청일전쟁 및 삼국간섭과 러시아의 조선정책」, 『한국정치외교사논총』 36-2, 한국정치외교사학회, 2015, 49~53쪽.

16 김원수, 「1896년에 있어서의 한러교섭에 관한 일고- 윤치호일기를 중심으로-」, 한양대학교 대학원 석사학위논문, 1979, 24~28쪽.

17 국사편찬위원회, 『윤치호일기』 4, 탐구당, 1971, 1896년 6월 5일, 203쪽.

18 국사편찬위원회, 『윤치호일기』 4, 232쪽; 고병익, 「러황제 대관식에의 사행과 한러교섭」, 『역사학보』 28, 역사학회, 1965, 502쪽; 김원수, 「1896년에 있어서의 한러교섭에 관한 일고」, 28~29쪽.

19 국사편찬위원회, 『윤치호일기』 4, 269쪽, 1896년 8월 13일자.

20 명례궁합의 조항에 관한 교섭과 내용에 대해서는 김원수, 「1896년에 있어서의 한러교섭에 관한 일고」, 35~38쪽; 『윤치호일기』 4의 7월 12일과 14일자에 관련 기록이 있다.

21 P. H. Clyde & B. F. Beers, *The Far East*, New Jersey, 1966, p.190; A. Malozemoff, *Russian Far Eastern Policy 1881~1904*, Berkerly, 1958, p.88.

22 김원수, 「1896년에 있어서의 한러교섭에 관한 일고」, 44~46쪽.

23 장석홍, 「대한제국 멸망 과정과 동북아시아의 질서 개편」, 『사학연구』 88, 한국사학회, 154쪽; 이민원, 「대한제국의 역사적 위치」, 『충북사학』 11 · 12합집, 학산김진봉교수정년기념특집, 충북대학교사학회, 433~438쪽; 이구용, 「대한제국의 칭제건원 논의에 대한 열강의 반응」, 『최영희선생화갑기념한국사학논총』, 탐구당, 1987; 엄찬호, 『고종의 대외정

책 연구』, 강원대 박사학위논문, 2000; 현광호, 『대한제국의 대외정책』, 신서원, 2002; 서영희, 『대한제국 정치사 연구』, 서울대출판부, 2003.

24 박희호, 『구한말 한반도중립화론 연구』, 동국대 박사학위논문, 1997, 114~116쪽.

25 이재석, 「한청통상조약 연구」, 『대한정치학회회보』 19-2, 대한정치학회, 2011, 181쪽; 日本外務省編纂, 『日本外交文書』 第32巻, 日本国際聯合協会刊, 941~943쪽, 明治 1899年 7月 26日.(이하 『일본외교문서』 32, 914~943쪽, 명치 1899년 7월 26일로 약함)

26 『일본외교문서』 33 별책, 390~392쪽, 1900년 7월 24일자; 은정태, 「1899년 한청통상조약 체결과 대한제국」, 『역사학보』 186, 역사학회, 2005, 51~55쪽.

27 森山茂德, 『近代日韓關係史研究』, 東京大学出版会, 1987, 121쪽, 161쪽.

28 최덕수, 「제1차 헤이그평화회의(1899)와 독립신문」, 『민족문화연구』 47, 고려대학교 민족문화연구원, 2007, 298~299쪽.

29 꾼 드 퀘스터, 「1907년 헤이그특사의 성공과 좌절」, 『한국사학보』 30, 고려사학회, 2008, 312~318쪽; 최덕수, 「제2차 헤이그평화회의(1907)와 대한제국 언론의 세계인식」, 『한국사학보』 30, 고려사학회, 2008.

30 대한제국의 위기관리 외교에 대해서는 김원수, 「러일전쟁의 역사화를 위한 제언-러일전쟁 110주년을 상기하며」(『서양사론』 122, 한국서양사학회, 2014)가 참조된다.

31 김원수, 「한반도 전쟁과 대한제국의 헤이그특파 파견 : 세계사적 접근」, 『역사교육연구』, 21, 한국역사교육학회, 2015, 225~226쪽.

32 稲葉千晴, 『暴かれた開戰の眞實 日露戰爭』, 東洋書店, 2002, 60~61쪽.

33 최영희, 「로일전쟁 전의 한일비밀조약에 대하여」, 『백산학보』3, 백산학회, 1967, 479~480쪽; 이창훈, 「러일전쟁과 한국의 북방관계(1903-1910)」, 『한국북방관계의 정치외교사적 조명』, 평민사, 1990, 162쪽.

34 김원수, 「일본의 대한제국 보호국화와 영국의 대한정책」, 『한국독립운동사연구』 51, 독립기념관 한국독립운동사연구소, 2015, 198쪽.

35 外務省編, 『日本外交年表並主要文書』, 223-224쪽; 外務省編, 『小村外交史』下, 東京:原書房, 1966, 255~256쪽.

36 『일본외교문서』 37-1, 313쪽, 명치 37년 4월 1일. 하야시 공사는 한반도에서 일본 농민의 황무지 개척권 획득과 일본 정부의 경영 방침을 이토에게 건의하였다.

37 국사편찬위원회, 『대한계년사』 하, 탐구당, 1971. 134쪽, 광무8년 5월 18일.

38 『일본외교문서』 37-1, 390쪽, 명치 37년 5월 31일.

39 R. A. Esthus, *Theodore Roosevelt and Japan*, Seattle, University of Washington, 1967, pp.43, 101.

40 Chay Jongsuk, *Diplomacy of Asymmetry-Korean-American Relation to 1910*, University of Hawaii Press, p.135.

41 Ian Nish, *The Anglo-Japanese Alliance*, p.308; 『일본외교문서』 38-1, 250쪽, 명치 38년 4월 8일.

42 『일본외교문서』 38-1, 18~19쪽, 명치 38년 5월 24일. 동맹교섭은 5월 17일의 랜스다운-하야시 회담에서 구체화되었다.

43 Chay Jongsuk, *Diplomacy of Asymmetry*, p.144;Richard Storry, *Japan and the Decline of the West in Asia, 1894-1943*, New York; St. Martin's Press, 1979, pp.72~73.

44 『고종실록』 광무 9년 8월 12일; 『일본외교문서』 38-1, 59~63쪽, 명치 38년 8월 12일.

45 최덕규, 「포츠머스 강화회의와 고종의 국권수호외교」, 『아세아연구』 146, 2011, 125~131쪽; ГАРФ. Ф. 818. Оп.1. Д. 181. Л.50~51. 협상안 제1조의 한국조항은 저녁때까지 논의가 이어지고 다음날 아침에 속개될 정도로 양측은 팽팽한 신경전을 벌였다.

46 최덕규, 「포츠머스 강화회의와 고종의 국권수호외교」, 125~131쪽의 「플란손 보고서」 57, 58, 59쪽.

47 일본은 1905년 10월 10일에, 그리고 러시아는 10월 14일에 비준하였다.

48 『일본외교문서』 38-1, 251, 785항, 명치 38년 9월 25일.

49 김원수, 「일본의 대한제국보호국화와 영국의 대한정책」, 201~205쪽.

50 『구한국외교문서』 제7권 일안 8960호 광무9년 10월5일; 『황성신문』 광무 9년 10월 9일, 17일, 19일; 『일본외교문서』 38-1, 256, 470, 471, 474, 475항, 명치 38년 10월 17, 22, 23, 27, 28일.

51 『황성신문』 광무 9년 10월 23일, 24일, 25일, 11월 1, 2, 4일, 『일본외교문서』 38-1, 한국 보호권 확립 실행에 관한 각의 결정의 건, 526~527쪽.

52 *The Tribune* , December 1, 1906; 『대한매일신보』, 광무 10년 1월 29일자, 「대황제폐하 변명서」.

53 Clarence N. Weems, 「Homer B. Hulbert 박사 전기 초고」 발췌 역본, 윤병석, 『이상설전-해아특사 이상설의 독립운동론』, 일조각, 1984, 99~100쪽.

54 한철호, 「헐버트의 만국평화회의 활동과 한미관계」, 『한국독립운동사연구』 29, 독립기념관 한국독립운동사연구소, 2007, 178~185쪽.

55 이민원, 「광무황제와 헤이그특사」, 『한국독립운동사연구』 제29집, 독립기념관 한국독립운동사연구소, 101~102쪽.

56 P. H. Clyde and B. F. Beers, *The Far East*, New Jersey, Prentice Hall, 1966, p.231; Harley Farnsworth McNair and Donald F. Lach, *Modern Far Eastern International Relations* , New York:Van Nostrand, 1950, p.106.

57 최정수, 「2차 헤이그 평화회의와 미국의 세계평화전략-국제경찰과 약한 국가 처리 문제를 중심으로」, 『한국사학보』 30, 고려사학회, 431쪽; Arthur Eyffinger, *The 1899 Hague Peace Conference -The Parliament of Man, the Federation of the World*, The Hague, Kluwer Law International, p.451.

58 『대한매일신보』, 1904년 11월 23일자.

59 최덕규, 「1907년 헤이그 평화회의와 러시아의 대한정책」, 362쪽; 꾼 드 꿰스터, 「1907년 헤이그특사의 성공과 좌절」, 317쪽.

60 이민원, 「광무황제와 헤이그특사」, 101~102쪽.

61 이선근, 『한국사-현대편』, 진단학회, 1963, 944~945쪽.

62 Clarence N. Weems, "Profile of Homer Bezaleel Hulbert," *Hulbert' History of Korea, Vol.1*, New York: Hillary House Publish, 1962; 박희호, 「특사의 헤이그 평화회의 파견」, 『한국사』 43, 국사편찬위원회, 1999, 70쪽; 한철호,「헐버트의 만국평화회의 활동과 한미관계」, 182쪽.

63 윤병석, 「만국평화회의와 한국 특사의 역사적 의의」, 『한국독립운동사연구』 29, 독립기념

관 한국독립운동사연구소, 2007, 34~36쪽.

64 『일본외교문서』 40, 431쪽. 268항, 1907. 7. 2 및 269항, 1907. 7. 3.

65 *The Telegrant*, 1907. 7. 17; *The Haagsche Courant*, 1907. 7. 17.

66 *The Independent*, Vol.63, No.3064, August 22, 1907; 윤병석, 『이상설전—해아특사 이상설의 독립운동』, 90~92쪽; 이기항 편, 『헤그에서 본 이준열사』, Hague: 사단법인 이준아카데미, 2000.

67 꾼드 퀘스터, 「1907년 헤이그특사의 성공과 좌절, 325쪽.

68 단국대학교 동양학연구소편, 『張志淵 全書』, 단국대학교출판부, 1989, 「李相卨日記抄」.

69 *New York Times,* July 20 1907; *New York Herald,* July 22, 1907; 윤병석, 『이상설전—해아특사 이상설의 독립운동』, 102~105쪽.

70 손정숙, 「구한말 헐버트(Homer B. Hulbert)의 대한인식과 그 활동」, 『이화사학연구』 22, 이화사학연구소, 1995, 144~146쪽; 윤병석, 『이상설전—해아특사 이상설의 독립운동』, 99~100쪽; 이광린, 「헐버트의 한국관」, 『한국근현대사연구』 9, 한국근현대사학회, 1998, 97~98쪽.

71 『대한매일신보』 1907년 12월 11일, 「이씨소식」.

72 *The Daily News,* July 25, 1907, "Korea's Protest. Prince Yong's Mission to the Powers. Interesting interview".

73 *New York Times,* August 4, 1907, "Korea Prince here tells of death ban"; August 2, 1907, "Our duty to Korea".

74 한철호, 「헐버트의 만국평화회의 활동과 한미관계」, 211쪽.

75 박민영, 「국치 전후 이상설의 연해주지역 독립운동」, 『한국독립운동사연구』 27, 독립기념관 한국독립운동사연구소, 2007.

76 Richard F. Szippl, "Kaiser, Wilhelm II and the Attempt to Form a German-American- Chinese Alliance against Japan -", *Nanzan Review of American Studies*, Vol.20, 1998; L. J. Hall, "The Abortive German-American-Chinese Entente of 1907~8," *Journal of Modern History*, Vol.1, No.2, 1929, pp.219~221.

77 김원수, 「4국 협조체제와 한일병합의 국제관계, 1907~1912-영국의 동맹협상외교와 연계하여-」, 『동북아 역사논총』 29, 동북아역사재단, 2010, 64~65쪽.

78 『일본외교문서』 40-1, 131, 169쪽.

79 千葉功, 『舊外交の形成』, 勁草書房, 2008.

80 D.G.P. XXV.72. in selected and translated by E. T. S. Dugdale(ed), *German Diplomatic Documents 1871~1914*, Vol.3, pp.224~226, 262~264.; Thomas A. Bailey, "The Root-Takahira Agreement of 1908", *The Pacific Historical Review*, Vol.9, No.1, March 1940, pp.19~20.

81 김원수, 「4국 협조체제와 간도협약의 국제관계, 1907~1909 -일본의 반한정책과 연계하여-」, 『동북아 역사논총』 26, 동북아역사재단, 2009, 84~85쪽.

82 윤병석, 『증보 이상설전 -해아특사 이상설의 독립운동론』, 106쪽.

83 김원수, 「영국의 외교정책과 글로벌전략의 형성」, 『서양사학연구』 28, 한국서양문화사학회, 2013; 김원수, 「한반도 전쟁과 대한제국의 헤이그특파사건」, 220쪽.

84 김원수, 「러일전쟁의 역사화를 위한 제언-러일전쟁 110주년을 상기하며-」, 151~152쪽.

85 *The New York Times*, March 31, 1909; 『일본외교문서』 42-1. 만주에 관한 일청협약체결 일건 244~246, 248~249, 262~264항.

86 김원수, 「한반도 전쟁과 대한제국의 헤이그특파사건」, 240~242쪽.

[참고문헌]

저서

구대열, 『한국국제관계사연구』 2권, 역사비평사, 1995.

국사편찬위원회, 『윤치호일기』 4, 탐구당, 1971.

______, 『대한계년사』 하, 탐구탕, 1971.

김용구, 『거문도와 블라디보스토크』, 서강대학교출판부, 2009.

김원모 완역, 『구한말 격동기 비사 알렌의 일기』, 건국대학교출판부, 1991.

김원용, 『재미 한인 오십년사』, Reedley, 캘리포니아, 1959 / 혜안 2004.

김지영 외, 『1907년 세계평화회의 특사의 구국활동 재조명』, 일성 이준열사 기념사업회, 2007.

노명식, 『21세기 한반도의 세계사적 전망』, 책과 함께, 2013.

독립기념관 한국독립운동사 연구소, 『헤이그특사와 한국독립운동』, 새미, 2007.

박보리스 드미트리예비치, 민경현 역, 『러시아와 한국』, 동북아역사재단, 2010.

박종효 편역, 『러시아국립문서보관소 소장 한국관련문서 요약집』, 한국국제교류재단, 2002.

박준규, 『한반도 국제정치사론』, 서울대학교출판부, 1986.

서영희, 『대한제국 정치사 연구』, 서울대학교출판부, 2003.

송금영 등 편, 『이범진의 생애와 항일 독립운동』, 외교통상부, 2003

안형주, 『박용만과 한인소년병학교』, 지식산업사, 2007.

역사학회편, 『러일전쟁전후 일본의 한국침략』, 일조각, 1986.

오영섭, 『고종황제와 한말의병』, 선인, 2007.

왕현종 외, 『청일전쟁기 한중일 삼국의 상호전략』, 동북아역사재단, 2009.
윤병석, 『이상설전—해아특사 이상설의 독립운동』, 일조각, 1984.
______, 『증보 이상설전-해아특사 이상설의 독립운동론』, 일조각, 1988.
______, 『국외한인사회와 민족운동』, 일조각, 1990.
이기항 편, 『헤그에서 본 이준열사』, Hague: 사단법인 이준아카데미, 2000.
이기항·송창주, 『아 이준열사』, 공옥출판사, 2007.
이계형, 『고종황제의 마지막 특사-이준의 구국운동』, 역사공간, 2007.
이선근, 『한국사 현대편』, 을유문화사, 1963.
이태진, 『일본의 대한제국강점- 보호조약에서 병합까지』, 까치, 2004.
쟝팅푸 저, 김원수, 김기주 역, 『청일한외교관계사』, 민족문화사, 1991.
정성화 외, 『러일전쟁과 동북아의 변화』, 선인, 2005.
최덕규, 『제정러시아의 한반도정책,1891~1907』, 경인문화사, 2008.
최덕수 외, 『1907년 헤이그 평화회의와 대한제국, 그리고 열강』, 고려대학교민족문화연구원·고려대학교 BK21 한국사학 교육연구단, 2007
최문형, 『한국을 둘러싼 제국주의 열강의 각축』, 지식산업사, 2001.
______, 『러시아의 남하와 일본의 한국침략』, 지식산업사, 2007.
크리스토퍼 하워드 저, 김원수·김상수 공역, 『대영제국의 영광스러운 고립』, 한양대학교출판부, 1995.
한국정신문화연구원, 『청일전쟁을 전후한 한국과 열강』, 한국정신문화연구원, 1984.
한림대학교 한국학연구소 편, 『대한제국은 근대국가인가』, 푸른역사, 2006.
한철호 역, 『미국의 대한정책(1834~1950)』, 한림대학교 아시아문화연구소.
현광호, 『대한제국의 대외정책』, 신서원, 2002.
홍선표, 『재미한인의 꿈과 도전』, 연세대학교 출판부, 2011.

東アジア近代史学会 編,『日清戦争と東アジア世界の変容』(上·下巻), まに書房, 1997.
東アシア近代史學會 編,『日露戰爭と 東アシア世界』, ゆまに書房, 2008.
稲葉千晴,『暴かれた開戰の眞實 日露戰爭』, 東洋書店, 2002.
田保橋潔,『近代日鮮關係の研究』, 原書房, 昭和54年.
馬場明,『日露戰爭後の滿洲問題』, 原書房, 2003.
寺本康俊,『日露戰爭以後の 日本外交』, 信山社, 1999.
森山茂德,『近代日韓國關係史研究』, 東京大學出版會, 1987.
外務省楄,『小村外交史』, 原書房, 昭和41.
______,『日本外交年表並主要文書』, 東京, 1965,
宇野俊一,『桂太郎』, 吉川弘文館, 2006.
日本外務省編纂,『日本外交文書』32, 33, 37-1, 38, 39-1, 40-1, 42-1, 日本國際聯合協會刊, 昭和31.
衛藤瀋吉,『近代東アシア國際關係史』, 東京大學出版部, 2004.
長田彰文,『セオテアルズバルトと韓國』, 未來社, 1992.
趙景達 編,『近代日朝關係史』, 言海書房, 2012.
千葉功,『舊外交の形成』, 勁草書房, 2008.
崔碩莞,『日清戦争への道程』, 吉川弘文館, 平成9.
川島眞·服部龍二,『東アシア國際政治史』, 名古屋大學出版會, 2007.
海野福壽,『韓國併合史の研究』, 岩波書店, 2000.
黑羽茂,『日英同盟の軌跡』上·下, 文化書房博文社, 1987.
Clyde, P. H., *International Rivalries in Manchuria, 1682-1922*, Ohio, 1992.
Dowart, Jeffery M., *The Pigtail War: the American response to the Sino-Japanese War of 1894-1895*, University of Massachusetts Press, 1971.

Dugdale, E. T. S. ed., *German Diplomatic Documents 1871-1914* , Vol.3, Barnes & Noble, Inc,1969.

Esthus, R. A., *Theodore Roosevelt and Japan*, Seattle. University of Washington, 1967.

Gooch, G. P. & Temperley, H. W. V. ed., *British Documents on the Origins of the War, 1894-1914*, Vol.IV, H. M. Stationery Office, 1926-1938.

Goodlad, Graham D., *British Foreign and Imperial Policy, 1865-1919*, Routledge, 2000.

Harrington, F. H., *God, Mommom and Japanese*, Wisconsin, 1944, Trans., by 이광린,『개화기의 한미관계, 일조각, 1973.

Jones, F. C., *Foreign Diplomacy in Korea*, Unpublished Ph.D. Dissertation, University of Hawaii, 1935.

Jong-suk Chay, *Diplomacy of Asymmetry, Korean-American Relation to 1910* , University of Hawaii Press.

Langer, William L., *The Diplomacy of Imperialism* 1890-1902, New York/ London: Alfred A. Knopf, 1965.

Lensen, G. A., *Balance of Intrigue ; International Rivalry in Korea and Manchuria,1884-1899.* 2 Vols. University Press of Florida, 1983.

Maccordock, R. S., *British Far Eastern Policy, 1894-1900*, New York, 1931.

Malozemoff, A. M., *The Russian Far Eastern Policy 1881-1904*, Berkerly, 1958.

McNair, Harley Farnsworth & Lach, Donald F., *Modern Far Eastern International relations*, New York:Van Nostrand, 1950.

Neilson, Keith, *Britain and the Last Tsar, British Policy and Russia, 1894-*

1917, Clarendon Press, Oxford, 1995.

Nish, Ian, H., *The Anglo-Japanese Alliance; The Diplomacy of the Two Island Empires 1894-1907*, The Athlone Press, 1966.

Romanov, B. A., *Rossiya V Manchurioi, 1896-1906*, Leningrad, Eng, Trans. by S. W. Jones, 1952, Michigan, 1928.

Seung-Kwon Synn,*The Russo-Japanese Rivalry over korea, 1876-1904*, Yul Phub Sa, 1981.

Silbey, David J., *The Boxer Rebellion and the Great Game in China* , Hill and Wang, 2012.

Storry, Richard, *Japan and the Decline of the West in Asia, 1894-1943*, New York; St. Martin's Press, 1979.

Swarteut, R. R., *Mandarins, Gunboat and Power Politics: O.N. Denny and the International Rivalries in Korea*, University of Hawaii Press, 1980.

Westlake, John, *International Law*, Cambridge University Press, 1910.

White, John A., *Transition to Global Rivalry -Alliance Diplomacy and the Quadruple Entente, 1895-1907*, Cambridge, 1995.

Yur-bok Lee, *West goes East. Paul Georg von Mollendorff and Great Power Imperialism in Late Yi Korea*, University of Hawaii Press, 1988.

논문

강상규, 「고종의 대내외 정세인식과 대한제국의 외교의 배경」, 『동양정치사상사』 4-2, 2005.

고병익, 「로황 대관식에의 사행과 한로교섭」, 『역사학보』 28. 1965.

권영배, 「한말 조선에 대한 중립화논의와 그 성격」, 『역사교육논집』 17, 1992

권무혁, 「청일전쟁시기의 러시아의 대한반도정책」, 『중소연구』 30-1, 2006.

김기석, 「광무제의 국권수호외교, 1905~1907: 을사늑약 무효선언을 중심으로-」, 이태진 편저, 『일본의 대한제국 강점』, 까치, 1995.

김명기, 「헤이그협약과 대한제국, 대한민국, 그리고 통일한국」, 『인도법논총』 28, 2008. 9.

김상기, 「고종의 헤이그특사파견과 국내항일운동」, 『한국독립운동사연구』 29, 2007.

김영수, 「삼국간섭전후 비테의 부상과 일본의 대응-비테와 무츠무네미츠의 대외전책을 중심으로」, 김영수·김종헌·김지환·이재훈 지음, 『동북아시아의 갈등과 대립-청일전쟁에서 한국전쟁까지』, 동북아역사재단, 2008.

김원모, 「19세기 말 미국의 대한정책(1894~1905)」, 『국사관논총』 60,1994.

김원수, 『1896년에 있어서의 한러교섭에 관한 일고-윤치호일기를 중심으로』, 한양대학교 대학원 석사학위논문, 1979.

______, 「청일전쟁 및 삼국간섭과 러시아의 대한정책」, 한국사연구협의회, 『한로관계 100년사』, 1984.

______, 「용암포사건과 일본의 대응」, 역사학회편, 『로일전쟁 전후 일본의 한국침략』, 일조각, 1986.

______, 「영·로의 대일간섭과 청일개전-공동철병문제를 중심으로」, 『서울교육대학교 논문집』 25, 1992.
______, 『러일전쟁의 원인에 대한 재검토』, 한양대학교대학원 박사학위논문, 1997
______, 「일본의 경의철도부설권획득기도와 용암포 사건」, 『한일관계사연구』 9, 1998.
______, 「구미열강의 동아시아정책과 한국, 1898~1903」, 『동양학』 31, 2001.
______, 「한국의 러일전쟁연구와 역사교육의 과제: 개전원인을 보는 시각」, 『역사교육』 90, 2004.
______, 「4국 협조체제와 간도협약의 국제관계, 1907~1909」, 『동북아역사논총』 26, 2009.
______, 「4국협조체제와 한일병합의 국제관계, 1907~1912」, 『동북아역사논총』 29, 2010.
______, 「러일전쟁 다시읽기:변경/경계와의 접속」, 『역사교육연구』 19, 2014.
______, 「그레이트 게임(the Great Game)과 한러관계의 지정학」, 『서양사학연구』 30, 2014.
______, 「러일전쟁의 역사화를 위한 제언-러일전쟁 110주년을 상기하며」, 『서양사론』 122, 2014.
______, 「한반도 전쟁과 대한제국의 헤이그특파사건 -세계사적 접근」, 『역사교육연구』 21, 2015.
______, 「일본의 대한제국 보호국화와 영국의 대한정책」, 『한국독립운동사연구』 51, 2015.
______, 「러일전쟁과 영국의 앙탕트외교, 1902~1905」, 『서양사학연구』 32, 2015.

______, 「러일전쟁과 외교혁명의 국제관계.1904~1907」, 『군사』 97, 2015.
김종헌, 「러일전쟁과 동북아국제질서의 재편」, 김영수·김종헌·김지환·이재훈 지음, 『동북아시아의 갈등과 대립–청일전쟁에서 한국전쟁까지』, 동북아 역사재단, 2008.
김지영, 「헤이그 세계평화회의에 대한 일본 정부의 대책」, 김지영 외, 『1907년 세계평화회의 특사의 구국활동 재조명』, 일성이준열사기념사업회, 2007.
꾼 드 퀘스터, 「1907년 헤이그특사의 성공과 좌절」, 『한국사학보』 30, 2008.
따지야나 심비르치바, 「1907년 헤이그 평화회의의 개최과정과 성격」, 윤병석 외, 『세계평화회의와 한국특사 100주년의 역사적 의미』, 독립기념관 한국독립운동사연구소, 2007.
문희수, 「청일전쟁과 한국의 북방정책」, 『한국정치외교사논총』 6, 1990.
______, 「국제관계에 있어서 청일전쟁(1894–1895)에 관한 사료와 연구: 청일전쟁 110년을 맞이하여」, 『한국정치외교사논총』 28–1, 2006.
박영재, 「청일전쟁과 일본외교」, 『역사학보』 53·54합집, 1972.
박영준, 「청일전쟁」; 김용구, 『한국외교사연구』, 나남, 1996.
박일근, 「청일전쟁전 한국의 북방정책」, 한국정치외교사학회 편, 『한국북방관계의 정치외교사적 재조명』, 평민사, 1991.
박종효, 「1904년 러일전쟁 서막 연 제물포해전」, 『신동아』 2월호, 2004.
______, 「헤이그특사와 한러관계」, 『한국독립운동사연구』 29, 2007.
박해영, 「국치전후 이상설의 연해주지역 독립운동」, 독립기념관 한국독립운동사연구소, 『헤이그특사와한국독립운동』, 새미, 2007.
박 환, 「이범진과 러시아연해주지역 한인민족운동」, 『경기사학』 6, 경기사학회, 2002.

박희호, 「구한말 한반도중립화론 연구」, 동국대 박사학위논문, 1997.
______, 「특사의 헤이그 평화회의 파견」, 『한국사』 43, 1999.
반병률, 「이위종과 항일혁명운동-러시아에서의 활동을 중심으로」, 『이준열사 순국 100주년 기념학술대회논문집』, 2007.
배경융, 「한국특사에 대한 일제의 대응책」, 윤병석 외, 『세계평화회의와 한국특사 100주년의 역사적 의미』, 독립기념관 한국독립운동사연구소, 2007.
배성준, 「한·중의 간도문제 인식과 갈등구조」, 『동양학』 43, 2008.
사사키 요(佐々木 揚), 「조러관계와 청일전쟁」, 『한일역사공동연구보고서』 제1권, 한일역사공동연구위원회, 2005.
서중석, 「근대극동 국제관계와 한국영세중립국론에 관한 연구」, 『경희대논문집』 4. 1965.
서진교, 「1899년 고종의 대한국국제 반포와 황제정 추진」, 『한국근현대사연구』 5, 1996.
석화정, 「한국보호를 둘러싼 러일의 대립- 헤이그밀사사건을 중심으로」, 정성화 외, 『러일전쟁과 동북아의 변화』, 선인, 2005.
설동은, 『만주문제를 둘러싼 T.루즈벨트의 대일외교, 루트-高平협정의 성립배경을 중심으로』, 한양대학교 대학원 석사학위논문, 1986.
손정숙, 「구한말 헐버트(Homer B. Hulbert)의 대한인식과 그 활동」, 『이화사학연구』 22, 1995.
송창주, 「이준열사의 헤이그 행적, 1~4: 「헤이그에서의 독립운동, 1907」, 『순국』 149~152, 2003.
엄찬호, 『고종의 대외정책 연구』, 강원대 박사학위논문, 2000.
오가와라 히로유키, 「이토 히로부미의 한국합병론과 정미조약」, 최덕수 외,

『1907년 헤이그 평화회의와 대한제국, 그리고 열강』, 고려대학교민족문화연구원·고려대학교 BK21 한국사학교육연구단, 2007.
오영섭, 「이위종의 생애와 독립운동」, 『한국독립운동사연구』 29, 2007.
우철구, 「로일전쟁전 한국의 북방정책(1898~1903)」, 『한국정치외교사논총』 6, 1990.
원 철, 「주변열강의 한반도 문제 협의와 을사조약」, 『역사학보』 192, 2006.
윤경로, 「Homer B.Hulbert 연구」, 『역사교육』 29, 1981.
윤병석, 「이상설의 유문과 이준, 장인환, 전명운의 의열」, 『한국독립운동사연구』 2, 1988.
_____, 「을사오조약의 신고찰」, 『국사관논총』 23, 1991.
_____, 「만국평화회의와 한국특사의 역사적 의의」, 『한국독립운동사연구』 29, 2007.
윤병희, 「헤이그밀사 이상설 등의 활동상과 그 결과는?」, 『대한제국기 서울사람들 -우리 역사속의 사람들 3』, 어진이, 2004.
은정태, 「대한제국기 간도문제의 추이와 식민화」, 『역사문제연구』 71, 2007.
_____, 「1899년 한청통상조약 체결과 대한제국」 『역사학보』 186, 2005.
이광린, 「헐버트의 한국관」, 『한국근현대사연구』 9, 1998.
이구용, 「대한제국의 칭제건원 논의에 대한 열강의 반응」, 『최영희선생화갑기념 한국사학논총』, 탐구당, 1987.
이기백 책임편집, 「특집-일본의 대한제국 침탈의 불법성」, 『한국사시민강좌』 11, 1996.
이명화, 「헤이그특사가 국외독립운동에 미친 영향」, 『한국독립운동사연구』 29, 2007.
이만열, 「이준 열사의 생애와 국권회복운동특집-일본의 대한제국 침탈의 불법성」,

『역사에 살아있는 그리스도인』, 한국기독교역사연구소, 2007.
이민원, 「광무황제와 헤이그특사」, 『한국독립운동사연구』 29, 2007.
이완범, 「한반도 분할의 국제정치학; 19세기말-20세기 초 열강간의 논의를 중심으로」, 『국제정치논총』 42-4, 2002.
이재석, 「한청통상조약 연구」, 『대한정치학회회보』 19-2, 2011.
이창훈, 「청일전쟁후 한국문제를 둘러싼 국제관계(1895~1898)」, 『한국정치외교사논총』 9, 1993.
______, 「대한제국기 유럽 지역에서 외교관의 구국운동」, 『한국독립운동사연구』 27, 2006.
______, 「러일전쟁과 한국의 북방관계(1903~1910)」, 『한국북방관계의 정치외교사적 조명』, 평민사, 1990.
임계순, 「한러밀약과 그후의 한러관계(1884~1894)」, 『한러관계100년사』, 한국사연구협의회, 1984.
장석흥, 「대한제국 멸망 과정과 동북아시아의 질서 개편」, 『사학연구』 88, 2007.
정일영, 「헤이그 국제평화회의 100년과 대한제국」, 『인도법논총』 28, 2008.
조명철, 「청일·러일전쟁의 전후처리와 한국문제」, 『한일관계사연구』 36, 2010.
조재곤, 「헤이그특사와 고종황제 퇴위, 군대해산」, 『내일을 여는 역사』 2007년 가을호.
최기영, 「한말 이준의 정치, 계몽활동과 민족운동」, 『한국독립운동사연구』 27, 2007.
______, 「송헌주의 재미민족운동과 한인단체 연합활동」, 『한국독립운동사연구』 51, 2015.
최덕규, 「제2차 헤이그 평화회의와 러시아의 대한정책」, 『한국사학보』 30, 2008.
______, 「포츠머스강화회의와 고종의 국권수호외교(1904~1905)」, 『아세아연구』

146, 2011.

최덕수, 「제1차 헤이그 평화회의(1899)와 독립신문」, 『민족문화연구』 47, 2007.

_____, 「제2차 헤이그 평화회의(1907)와 대한제국 언론의 세계인식」, 『한국사학보』 30, 2008.

최문형, 「국제관계를 통해 본 청일개전의 동인과 경위」, 『역사학보』 99 100합집, 1983.

최영희, 「러일전쟁전의 한일비밀조약에 대하여」, 『백산학보』 3(『원봉유봉영선생고희기념사학논총』), 1967.

최정수, 「제2차 헤이그 평화회의와 미국의 세계평화전략-국제경찰과 약한국가 처리문제를 중심으로」, 『한국사학보』 30, 2008.

피터 반 던건(Peter van Dungen), 「제2차 헤이그 평화회의(1907)의 역사적 의의」, 『이준열사95주기 추모 학술발표』, Yi Jun Peace Museum, 2002.

한성민, 「제2회 헤이그만국평화회의 특사에 대한 일본의 대응」, 『한일관계사연구』 51, 2015.

한승훈, 「을사늑약을 전후한 영국의 대한정책」, 『한국사학보』 30, 2008.

한철호, 「헐버트의 만국평화회의 활동과 한미관계」, 『한국독립운동사연구』 27, 2007.

홍선표, 「헐버트의 재미한국독립운동」, 『한국독립운동사연구』 55, 2016.

佐々木揚, 「日清戦争をめぐる国際関係—欧米の史料と研究—」, 『近代中国研究彙報』 18, 1996.

入江昭, 「轉換期の日美關係 1896-1914」, 細谷千溥 編, 『日美關係通史』, 東京大學出版會, 1995.

小川原宏幸, 「日本の韓国保護政策と韓国におけるイギリスの領事裁判権—ベッセル裁判を事例として」, 『駿台史学』 110, 2000.

片山 慶隆, 「国保護国化をめぐる国際関係史1902−05: イギリスの対韓·対日政策を中心として」,『Discussion Paper Series』 008, 2005.
片山慶隆, 「ハーグ密使事件·第三次日韓協約をめぐる日英関係」, 『一橋法学』 8−1. 2009.
和田春樹, 「日露戰爭と韓國併合ーロシアという要因から考える」, 『한일강제병합 100년 재조명 국제학술회의 자료집』, 동북아역사재단, 2010.
Bailey, Thomas A., "The Root-Takahira Agreement of 1908", *The Pacific Historical Review*, Vol.9, No.1, March 1940.
Berryman, John, "British Imperial Defence Strategy and Russia: The Role of the Royal Navy in the Far East, 1878-1898", *International Journal of Naval History* Vol.1, Issue1. 2002.
Hall, L. J, "The Abortive German -American-Chinese Entente of 1907-8", *Journal of Modern History*, Vol. 1, No.2, 1929.
In-ho, Lee, "Russian Interest in Korea in Historical Perspective", Han Sung-joo ed., *Soviet Policy in Asia Expansion or Accomodation?* , Seoul, Panmun Book Company, Ltd., 1980.
Nish, Ian, H., "The Three-Power Intervention of 1895", Davis, A. R. and A. D. Stefanowska (eds.): *Austrina: Essays in Comemoration of the 25th Anniversary of the Founding of the Oriental Society of Australia*. Sidney: Oriental Society of Australia, 1982.
Popov, A. L. and Dimant, S. R., ed., "First step of Russian Imperialism in the Far east, 1888-1903" from *Krasny Archiv,* LII*, pp.54-124, Chinese Social and Political Science Review*, Vol. XVIII, No.2, July 1934.
"Russian Documents relating to Sino-Japanese War 1894-1895" from

Krasny Archiv.L-LI, pp.3-63. *Chinese Social and Political Science Review*, XVIII. No.3. Oct. 1933

Schlichtmann Klaus , "Japan, Germany and the Idea of the Hague Peace Conferences", *Journal of Peace Research*, Vol.40, No.4, Special Issue on Peace History July, 2003.

Seung-Kwon Synn, "The Russo-Korean Relations in 1880's", *Korea Journal*, Vol.20, No.9. 1980.

Steed, David, "The Second Anglo-Japanese Alliance and The Russo-Japanese War", *Discussion Paper*, No.IS/02/432, 2002.

Szippl, Richard F., "Kaiser Wilhelm II and the Attempt to Form a German- American-Chinese Alliance against Japan", *Nanzan Review of American Studies*, Vol.20, 1998.

Won-soo Kim, "The Yongampo Incident and the origin of the Russo-Japanese War", *Власть и общество в России - во время русско-японской войны и революции 1905-1907*, 2007.

Yung-Chung Kim, "The Komundo Incident, 1885-1887: An Early Phase in British Korea Relations", *Korean Observer*, Vol.15, No.3, 1984.

[찾아보기]

[ㄷ]

[ㄹ]

[ㅁ]

[ㅂ]

[ㅅ]

[ㅇ]

[ㅈ]

[ㅊ]

[ㅋ]

[ㅌ]

[ㅍ]

[ㅎ]

저자

김원수(金元洙)

경기 중·고등학교
한양대학교 사학과와 동대학원 졸업, 문학박사
한국역사교육학회·한국사회과교육연구학회 회장 역임
현 서울교육대학교 사회과교육과 교수

주요저서

『한러관계 100년사』(공저), 한국사연구협의회, 1984
『러일전쟁 전후 일본의 한국침략』(공저), 일조각, 1985
『교육부검정 고등학교 세계사』(공저), 장원사, 1990, 1997
『청일한외교관계사』(공역), 민족문화사, 1991
『오늘날의 역사학』(공역), 역사비평사, 1992
『대영제국의 영광스러운 고립』(공역), 한양대학교출판부, 1995
『문화사의 과제』(역저), 아모르문디, 2006
『지구화시대의 새로운 세계사』(공저), 혜안, 2010
『유럽중심주의를 넘어서 새로운 세계사로』(공저), 푸른역사, 2010
『제국주의의 유산과 동아시아』(공저), 동북아역사재단, 2015 등 다수

헤이그 만국평화회의 특사외교와 국제관계

초판 1쇄 발행 2016년 12월 30일
지 은 이_김원수
기 획_독립기념관 한국독립운동사연구소
도판 구성 및 편집_박애리

펴 낸 이_윤주경
펴 낸 곳_독립기념관
충청남도 천안시 동남구 목천읍 삼방로 95
http://www.i815.or.kr
전화_041-560-0403

제 작 처_도서출판 선인
서울시 마포구 마포대로 4다길 4 곶마루빌딩 1층
http://www.i815.or.kr
전화_02-718-6252, 718-6257
팩스_02-718-6253
e-mail_sunin72@chol.com
등록_1998년 11월 4일 제 5-77호

정 가_16,000원
ISBN 979-11-6068-028-7 03900